ro
ro
ro

«Dieses Buch ist eine Ermutigung zum Aufbruch: Midlife-Chance statt Krise und Resignation. Es soll Möglichkeiten aufzeigen, Veränderungen aktiv anzugehen und zu gestalten. Dabei widme ich mich den wichtigsten Leitbildern, die wir für unsere Lebensmitte internalisiert haben, die in Wirklichkeit aber Hemmschuhe sind, weil sie uns in die Irre führen, wenn wir sie nicht durch bessere, uns gemäßere Antworten ersetzen. Das zu realisieren ist unbequem, denn Veränderungen sind anstrengend – selbst wenn man sie herbeisehnt.

Neben vielen Fallgeschichten aus meiner Coachingpraxis und persönlichen Erfahrungen stelle ich Fragen, mit denen man sich jetzt beschäftigen sollte. Dieses Buch ist gedacht als eine Landkarte für die Terra incognita der Lebensmitte, die einem beim Navigieren durch das Niemandsland hilft.»

Antje Gardyan, Jahrgang 1967, war in ihrer ersten Karriere lange Jahre Führungskraft in mehreren großen Medienunternehmen und gründete 2007 ihr eigenes Beratungsunternehmen für Veränderungsmanagement. Sie arbeitet seither als systemische Beraterin, Business Coach und Organisationsentwicklerin und hat dabei zahlreiche Menschen in beruflichen und privaten Umbruchsituationen begleitet.
www.antjegardyan.de, Twitter: @AntjeGardyan

Antje Gardyan

WORAUF WARTEST DU NOCH?

Eine Ermutigung zum
Aufbruch in der Lebensmitte

Rowohlt Taschenbuch Verlag

2. Auflage Juli 2017

Originalausgabe
Veröffentlicht im Rowohlt Taschenbuch Verlag,
Reinbek bei Hamburg, Januar 2017
Copyright © 2017 by Rowohlt Verlag GmbH, Reinbek bei Hamburg
Umschlaggestaltung ZERO Werbeagentur, München
Umschlagabbildung FinePic®, München
Satz aus der Minion OT, InDesign,
Das Herstellungsbüro, Hamburg
Druck und Bindung CPI books GmbH, Leck, Germany
ISBN 978 3 499 63204 4

Für Levi

INHALT

«Nichts ist wahr ohne sein Gegenteil.»

MARTIN WALSER

VORWORT

Dies ist ein Buch über die Lebensmitte und gleichzeitig eine Gedankenkladde, ein Logbuch, ein Navigator durch diese Zeit. Nehmen Sie es mit aufs Sofa, auf die Bahnfahrt, ins Bett. Malen Sie rein, notieren Sie Dinge, kleben Sie Zettel rein, machen Sie Eselsohren. Schleppen Sie es mit sich rum. Kurz: Machen Sie es zu Ihrem.

Es ist nicht mein Anspruch, die Wahrheit zu erzählen, er- oder gefunden zu haben. Die eine Wahrheit gibt es ohnehin nicht. Und so ist dies auch kein Kochbuch mit idealen Rezepten und Instruktionen, die Schritt für Schritt befolgt werden sollen. Ich will niemandem sagen, wie er es machen muss. Ich kann es auch gar nicht.

Allerdings begleite ich in meinem Beruf seit mehr als zehn Jahren Menschen und Organisationen in Veränderungssituationen. Wobei Letzteres nur ein vornehmes Wort für derbe Umbrüche ist – vor allem auch im privaten Leben. Die Menschen, mit denen ich arbeite, kommen in der Regel erst mit beruflichen Fragen auf mich zu. Das Berufliche reicht in der Lebensmitte aber tief in die Werthaltungen, Lebenswünsche und Lebenspläne der Menschen – das Private – hinein. Seit mehr als zehn Jahren höre ich also zu, stelle viele Fragen, beobachte ich und hinterfrage, was mir erzählt wird. Im Gespräch entwickeln wir gemeinsam Handlungswege und Optionen, damit das Leben und die Zukunft gelingen.

Parallel dazu habe ich in diesen Jahren meine eigene Lebensmitte durchmessen, mit Brüchen und Verlusten, die es in sich hatten. Meine Mutter starb an Alzheimer, mein Vater an Bauchspeicheldrüsenkrebs. Nur sechs Wochen vor seinem Tod habe ich einen wunderbaren, gesunden Sohn geboren. Meine Ehe mit meinem Traummann wurde geschieden. Ich habe ein Haus gebaut. Ich bin selbständige Organisationsberaterin und Businesscoach und alleinerziehende Mutter. Ich weiß also selbst ein wenig davon, wie es ist, wenn es richtig schlecht läuft, wenn alles zu viel wird, wenn man nicht weiß, wohin mit sich und seinem Leben, und der Boden der Lebensmitte unter den Füßen wankt.

Inzwischen ist für mich klar: Alle Einzelfälle, auch mein eigener, stehen für etwas Größeres. Für einen unerwarteten Aufbruch in der Lebensmitte. Ich habe daher vor Jahren angefangen, die einzelnen Geschichten aus einer anderen Perspektive zu untersuchen. Was ist das Muster im Strom all dieser Geschichten? Was verbindet all diese Menschen? Was ist eigentlich (mit uns) los in der Lebensmitte? Woher kommen die vielen Fragezeichen, Zweifel, erneuten Sehnsüchte, Wünsche und Hoffnungen? Warum passiert – mit Verlaub – so viel Mist in der Lebensphase, in der wir doch so glücklich und erfüllt sein wollten? Mir ist es inzwischen klar geworden, und dieses Buch erzählt davon. Ich beanspruche nicht, den Heiligen Gral der Lebensmitte gefunden zu haben. Ich habe allerdings das oft verschwiegene Chaos der Lebensmitte gründlich kennengelernt, untersucht, durchdacht, sortiert und letztlich greifbarer gemacht.

Ich kann keine schlüsselfertige Haurucklösung anbieten. Aber: Ich kann gute Vorschläge machen, richtige Fragen stellen, Ideen, Hilfestellungen und Denkanstöße geben durch Geschichten, Erfahrungen und Erkenntnisse aus meiner eigenen Lebensmitte und derer, die mir begegnet sind.

Vielleicht hilft Ihnen dieses Buch, aus dem eigenen und dem Denkmuster der anderen rauszukommen. Vielleicht hilft es Ihnen zu lernen, wer Sie jetzt sind im Leben, mit dem Ziel, nicht zu verpassen, wer Sie sein können.

Die Lebensmitte ist ein Zeitfenster, das eine ganze Weile offen steht. Es lädt ein zum Rückblick auf die bisherige Lebenszeit, lädt ein, eigene Erkenntnisse daraus zu gewinnen und einen frischen Ausblick auf die Zukunft zu bekommen, die vor uns liegt. Eine Zukunft, die darauf wartet, von uns gestaltet zu werden.

EINLEITUNG

Eigentlich sollten wir erwachsen sein. Eigentlich sollten wir angekommen sein: beim tollen Job, bei dem schönen Eigenheim, der heilen Familie und wundervollen Urlauben. Eigentlich sollte die Lebensmitte doch der Ort der erfüllten Träume sein, für die man jahrelang hart gearbeitet hat. Ist uns das nicht immer versprochen worden?

Irgendwann stellen wir fest: Angekommen sind wir – aber nur bei der Erkenntnis, dass diese Vorstellung größer und schöner ist als das echte Leben. Um es deutlich zu sagen: Es ist eine Mogelpackung. Denn trotz allem, was gut ist und zufrieden macht, ist die Lebensmitte bei vielen Menschen durch zuweilen radikale Einschnitte und Veränderungen geprägt. Das können die Trennung vom langjährigen Partner sein, Veränderungen im Job, ungewollte Kinderlosigkeit, die Krankheit und Pflege eines Angehörigen oder der Tod der Eltern. Das alte Leben bricht in Teilen weg, und neue Wege müssen beschritten werden – ob wir wollen oder nicht. Die Lebensmitte ist eine Buckelpiste und kein Spaziergang.

Gewiss gibt es Zeiten, die gut sind, in denen man alles voll im Griff hat. Doch dann kommen wieder Momente, in denen es in uns arbeitet und wir uns sicher sind, so wie jetzt kann es nicht bleiben. Stärke und Unsicherheit wechseln sich ab, manchmal sogar täglich.

Inmitten dieser großen und kleinen, inneren und äußeren, gewollten und ungewollten, plötzlichen oder schleichenden Veränderungen wird eines zumindest schnell deutlich: Viele Leitbilder und Glaubenssätze, die wir seit unserer Kindheit und in jungen Jahren aufgenommen und in unseren Köpfen verankert haben, sind nicht mehr gültig – oder waren es nie. Und so tut sich in unserem Inneren eine Landschaft von Fragen und Themen auf, die unbekannt und groß ist. Terra incognita. Diese Fragen haben nur mit uns selbst zu tun. Und: Es sind große Fragen, deren Antworten nicht einfach zu finden sind:

- Warum passiert gerade mir das?
- Was will ich erhalten, weil es gut ist?
- Wovon muss ich mich verabschieden?
- Was macht mich heute aus?
- Wo will ich hin – mit mir, meiner Familie, meinem Partner?
- Was zählt noch? Auf wen kann ich noch zählen?
- Wie komme ich jetzt mit mir selbst klar?

Es überrascht, schmerzt und nervt uns, dass wir uns diesen Fragen ganz neu und oft auch das allererste Mal stellen müssen. Wir sind irritiert über uns selbst, glaubten fertiger und weiter zu sein, als wir de facto sind. Wir dachten doch, wir wären aus diesen Fragen schon er-wachsen. Und dann stellen wir fest: Wer wir sind, ist provisorisch. Der Status quo ist keiner mehr.

Natürlich kann man eine Krise abarbeiten, die Scheidungspapiere unterschreiben, die tote Mutter begraben oder versuchen, noch mal einen ähnlichen Job in der Branche zu bekommen und dann zur Tagesordnung überzugehen. Oftmals reicht das aber nicht. Wochen und Monate später merkt man, dass es damit nicht getan ist, weil die Trennung innerlich nicht gelingt, die Trauer nicht aufhört, der neue Job sich nicht findet oder einen nach kurzer Zeit schon wieder anödet. Die Folge: Wir fühlen uns miserabel und missverstanden.

Es ist erstaunlich, wie wenig über all das offen geredet wird. Jeder kämpft sich irgendwie im Stillen durch. Ich erlebe das oft in meiner Beratungspraxis. Die Menschen erzählen häufig zum allerersten Mal, wie es in ihnen aussieht. Es ist ihnen fast unangenehm. Fast alle sagen: Ich klage auf hohem Niveau. Was sie eigentlich sagen wollen: Ich habe viel erreicht, vieles ist auch gut. Mir geht es trotzdem beschissen.

Der Zweifel, die Verwunderung, die Ratlosigkeit, die Fragen, die die Menschen umtreibt, wird unter privaten Verschluss genommen. Dem Ehepartner zumuten, dass man beruflich am liebsten alles hinschmeißen möchte? Dann macht sich meine Frau ja Sorgen um Heim und Hof und dreht gleich mit durch! Freunden die Abschiedsschmerzen von den kranken, alternden Eltern erzählen? Das will sich kaum jemand anhören – auch nicht im Freundeskreis. Man fragt zwar höflich nach, aber richtig hören will niemand von Pflegestufe 1, 2, 3, Inkontinenzeinlagen und der eigenen Fassungslosigkeit, dass die Eltern doch eigentlich noch so fit und jung waren vor kurzer Zeit.

Wir sind sprachlos im gesellschaftlichen Diskurs, tun so, als würden die Leitbilder nach wie vor gelten und der Lebensplan, wie erwartet, erfüllt werden. Das macht die Lösung unserer Fragen nur noch schwieriger – und uns einsamer, weil wir die falschen Faustregeln und Leitbilder nicht aus dem Kopf bekommen.

Dieses Buch ist eine Ermutigung zum Aufbruch: Midlife-Chance statt Krise und Resignation. Es soll Möglichkeiten aufzeigen, Veränderungen aktiv anzugehen und zu gestalten. Dabei widme ich mich den wichtigsten Leitbildern, die wir für unsere Lebensmitte internalisiert haben, die in Wirklichkeit aber Hemmschuhe sind, weil sie uns in die Irre führen, wenn wir sie nicht durch bessere, uns gemäßere Antworten ersetzen. Das zu realisieren ist unbequem, denn Veränderungen sind anstrengend – selbst wenn man sie selbst herbeisehnt.

Neben vielen Fallgeschichten aus meiner Coachingpraxis und persönlichen Erfahrungen stelle ich Fragen, mit denen man sich jetzt beschäftigen sollte. Dieses Buch ist gedacht als eine Landkarte für die Terra incognita der Lebensmitte, die einem beim Navigieren durch das Niemandsland hilft.

Mein Ziel: Wir sollten uns auf neues Denken einlassen und darauf, neue Erkenntnisse zu entdecken. Ich möchte zeigen, was in der ungewollten Chance der Lebensmitte steckt. Ich möchte ermutigen, diese Chance anzuerkennen und anzunehmen. Ich möchte ermutigen, sich auf den inneren Weg zu machen und anzufangen, aktiv zu handeln.

Dabei ist die Lebensmitte vergleichbar mit dem Umbau eines Hauses, in das man vor 15 Jahren eingezogen ist. Die Heizung muss gewartet und in Teilen erneuert werden. Manche Räume müssen renoviert werden, andere Räume bekommen eine neue Nutzung. Manchmal möchte man Wände einreißen, um neue Wohnideen zu verwirklichen. Bei manchen scheint das zunächst unmöglich, weil es tragende Wände sind. Und dann macht auf einmal ein Stahlträger als Abstützung das Vorhaben doch möglich. Dieser Umbau kann natürlich mehr oder weniger umfassend sein. Aber nur sehr selten steht ein kompletter Umzug an. Und so geht es hier im Buch um das Bauen in einem bestehenden Haus. Wir sind der Architekt und Bauzeichner, Statiker und Bauleiter in einer Person.

Wann genau dieser Umbau stattfindet und in welchem Maße, ist sehr individuell. Grob gesagt ist die Lebensmitte zwischen Ende 30 und Anfang 50. Das hängt aber von den biographischen Faktoren jedes Einzelnen ab:

- In welchem Alter wurde die Ausbildung abgeschlossen? Wie alt war man beim Berufseinstieg? Wie alt ist man also, wenn man 10 bis 15 Jahre Berufserfahrung hat?
- In welchem Alter hat man geheiratet, und wann hat man die ersten eigenen Kinder bekommen?
- Wie alt und fit sind die eigenen Eltern?
- Wie alt sind die eigenen Kinder? Sind sie noch klein, in der Schule, schon fast erwachsen oder sogar aus dem Haus?

Diese biographischen Faktoren bestimmen natürlich die Themen, die uns begegnen, und damit auch den Beginn der gefühlten Lebensmitte. Wer beispielsweise noch kleine Kinder hat, weil er sie spät bekommen hat, wird sich erst später mit der Frage beschäftigen, was nach der intensiven Familienzeit kommen soll. Wer mit Anfang 20 oder früher angefangen hat zu arbeiten, wird sich vielleicht schon mit 35 Jahren Fragen nach dem beruflichen Fortgang stellen. Jemandem, der erst mit Ende 20 fertig studiert und beruflich losgelegt hat, begegnen diese Fragen sehr viel später. Wer fitte, junge Eltern hat, wird Aspekte der Lebensmitte, die mit den eigenen, älter werdenden Eltern zu tun haben, erst später erleben.

Meine eigene Mutter ist zum Beispiel sehr früh krank geworden. Sie war 60, ich damals erst 30 Jahre alt. Nach neun langen Jahren der Krankheit und Pflege starb sie. 39 ist biographisch gesehen ein relativ früher Zeitpunkt, um die Mutter zu verlieren, und so bin ich natürlich früh in meinem Leben mit diesem Thema der Lebensmitte konfrontiert worden.

Was unterscheidet die Lebensmitte von dem Konzept der Midlife-Crisis aus den siebziger Jahren?

Die Midlife-Crisis wurde in den siebziger Jahren im Wesentlichen als männliche Krise oder als Krise der Männlichkeit wahrgenommen. Die stereotypen Symptome waren der Kauf eines Porsches und die junge Freundin an seiner Seite. Es ging darum, dass Menschen ein Problem damit hatten, älter zu werden. Aktivitäten, Auftritt, Aussehen und die Partnerwahl wurden als Ersatzhandlungen für verlorene Jugend gewertet. Jugend um jeden Preis sozusagen. So weit, so eindimensional und schlicht.

Leider ist der Diskurs in der breiten Öffentlichkeit um die Midlife-Crisis in der Folge nicht weiter gekommen, als dieses Klischee zu pflegen. Wenn wir älter werden und nur nach Status und körperlicher Attraktivität beurteilt werden – und uns auch selbst nur danach beurteilen –, dann werden wir unweigerlich unzufrieden. Wenn wir keinen Blick dafür entwickeln, welche Reichtümer wir durch unser Alter, unsere Erfahrung mitbringen – Familie, Freunde, Netzwerke, Gelassenheit etwa –, wird es dünn. Wenn wir uns nur über unser Bindegewebe, unsere ausfallenden Haare und unsere Falten unterhalten, dann ist es logisch, dass die Leute ein Problem damit haben, älter zu werden. Diese Verengung des Diskurses tut uns allen weh, greift zu kurz und lässt vieles außer Acht.

Das alte Midlife-Crisis-Konzept ist derart unattraktiv und hässlich, dass keiner darüber sprechen möchte. Ein positiver Begriff für Veränderungen in der Lebensmitte, der auf breite Akzeptanz trifft, ist nicht vorhanden, wäre aber unbedingt wünschenswert. Denn die Lebensmitte ist bisher nur ungenügend als eigenständig definierte und ausdifferenzierte Lebensphase betrachtet worden. Zu Unrecht: Es wird immer wichtiger, darüber zu diskutieren und individuelle Lösungsansätze und Handlungsanregungen zu finden.

Das Thema ist heute schlichtweg drängender als in den Siebzigern: Der aktuelle demographische Wandel führt zum Beispiel dazu, dass die Menschen heute wesentlich länger arbeiten. Anstatt mit 58, 60 oder 63 in Rente zu gehen, wird die Mehrheit heute vielleicht sogar bis zum 70. Lebensjahr beruflich aktiv sein müssen oder wollen. Die Relevanz der beruflichen Neuorientierung in der Lebensmitte ist daher wesentlich größer.

In den siebziger Jahren hatte man gute Chancen, mit der goldenen Armbanduhr in Betriebsrente zu gehen. Diese Zeiten sind vorbei. Der Umbruch in der Arbeitswelt, die Umstrukturierungen der Unternehmen und der Märkte bedeuten auch für viele berufliche Biographien einen Umbruch in der Lebensmitte.

Der Wertewandel der letzten 30 bis 40 Jahre hat zudem den Anspruch an das Leben in jeder Lebensphase erhöht. Der Wunsch nach Selbstverwirklichung und Unabhängigkeit ist größer, der Anspruch, «wirklich glücklich» sein zu wollen, höher. Die Bereitschaft, Umstände durchzustehen oder schlichtweg zu tolerieren, ist gesunken. Auch deswegen ist das Thema Aufbruch in der Lebensmitte heute größer und breiter angelegt als in den siebziger Jahren.

Der Wandel von Beziehungen und der Ehe ist ein ebenso gewichtiger Grund, warum die Lebensmitte heute im umfassenden Fokus steht. Die bessere Ausbildung der Frauen und damit die größere wirtschaftliche Unabhängigkeit führen zu einer erhöhten Bereitschaft, dysfunktionale oder unglückliche Ehen zu beenden. Die Frage nach der Neuorientierung in den verschiedenen Lebensrollen, sei es als Elternteil, Partner, Arbeitnehmer, Freund, Freundin, erwachsenes Kind der Eltern, als Ich, als Mensch, wird in der Lebensmitte umso dringender.

Wie uns alte Leitbilder in der Lebensmitte in die Irre führen

Vorweg: Leitbilder sind kein Teufelswerk. Als Leitbilder bezeichnet man Zielbilder, die in die Zukunft weisen. Sie beantworten die Fragen «Was will ich?» oder «Was wollen wir?». Sie geben also eine inhaltliche Orientierung. Leitbilder sind immer werteorientiert und können daher nie neutral sein. Leitbilder haben – vor allem, wenn sie attraktiv erscheinen und vom sozialen Umfeld geteilt werden – eine große Kraft und eine orientierende Funktion. Menschen mögen es, wenn sie einer Idee folgen können, weil es ihnen das Leben einfacher macht. Es ist also durchaus schlau gedacht, einem Leitbild zu folgen: Leitbilder reduzieren die Komplexität der vielen Optionen und erleichtern es uns, Entscheidungen zu treffen.

Jede Generation hat ihre Leitbilder. In manchen Punkten gleichen sie sich von Generation zu Generation – etwa im Leitbild der heilen Familie. In anderen Punkten kommen neue Bilder hinzu, zum Beispiel die Vereinbarkeit von Beruf und Familie. Wir folgen den jeweiligen Leitbildern als junge Erwachsene intuitiv, ohne ihre Annahmen und zugrunde liegenden Werte zu bemerken oder zu hinterfragen, und arbeiten für ihre Verwirklichung. Warum auch nicht? Sie sind doch gemeinhin akzeptiert, vielversprechend und auf den ersten Blick ziemlich attraktiv. Diese Leitbilder tragen wir in uns wie unsichtbare Kompasse, etwa das Leitbild von einem perfekten Urlaub, einem perfekten Date, dem perfekten Weihnachtsfest, dem perfekten Job, der perfekten Karriere, der perfekten Ehe, dem perfekten Leben überhaupt.

Schon als Kinder und Jugendliche nehmen wir Leitbilder auf. Wir übernehmen sie aus unserem Umfeld – unreflektiert. Das ist erst mal die Regel. Leitbilder nisten sich in unser Unterbewusstsein ein und steuern uns unmerklich, dafür aber höchst wirksam.

Die Quellen der Leitbilder sind vielfältig. Es sind unsere Eltern, unsere Familien und Freunde und unser Umfeld, die sie alle prägen. Unzählige Geschichten werden täglich erzählt und im Gespräch eingeordnet und dabei bewertet. Was ist gut, was ist schlecht gelaufen? Die Erzählungen und Gespräche darüber beschreiben meist, wie etwas zu sein hat, wenn es gut läuft.

Natürlich spielen Medien auch eine gewichtige Rolle: Auf Facebook inszenieren die Leute ihr perfektes Leben für den Freundes- und Bekanntenkreis. Im Fernsehen, in der Werbung oder im Netz wird uns gezeigt, wie das Leben aussehen soll: glücklich mit einer intakten Familie, arriviert im Job, sozial verbunden im großen Freundeskreis, perfekte, gleichzeitig entspannte Gastgeber, räumlich mobil, immer unterwegs, gesundheitlich auf der Höhe, attraktiv und körperlich fit sowieso. Das perfekte Leben.

Überhaupt. PERFEKT. Das Wort hat sich in den letzten Jahren auf die vorderen Plätze unseres Wortschatzes und unseres Anspruchsdenkens gespielt. Es ist so normal geworden, über Perfektion als Anspruch und machbares Ziel zu reden. Und wir haben die Inszenierungsmöglichkeiten, die suggerieren, dass Perfektion auch stattfindet. Dazu gibt es mehr Gelegenheit als früher. Es ist schwer, sich nicht beeindrucken zu lassen. Die Leitbilder wiederholen und bestätigen sich – immer und immer wieder. Und wir absorbieren sie über Jahre, bis ein Teil von uns glaubt, sie bildeten das Leben so ab, wie es sein soll und zu sein hat. So bekommen wir die Mustervorlage, wie es geht mit dem guten Leben. Wir halten es für machbar und machen mit – erst einmal.

Diese Leitbilder sind unsere jahrelangen, meist unsichtbaren Begleiter. Wenn wir darauf achten, bemerken wir in der Lebensmitte ihre kraftvolle Wirksamkeit, die sich nicht immer als segensreich erweist. Wenn unsere gelebte Vergangenheit und die Zukunft unseres Lebens ungefähr gleich lang werden, fangen wir nämlich an, zu bilanzieren und zu vermessen. Außerdem lässt uns die Geburt unserer Kinder oder der Tod unserer Eltern verstärkt über Anfang und Ende nachdenken.

Wir fragen uns: Wo sind wir angekommen auf unserem Weg? Was haben wir geschafft oder erreicht, was ist uns gelungen? Und auch erstmalig: Was liegt (noch) vor uns? Was kann ich (noch) gestalten?

Diese Bilanzierung ist erst mal gut, denn sie trägt die Chance der Neuausrichtung mit sich. Darauf kommen wir noch mehrfach zu sprechen – versprochen.

In der Lebensmitte begegnen uns deshalb unsere Leitbilder neu. Wir holen sie raus und nutzen sie als Messlatte, um zu prüfen, wie wir mit dem bisherigen Leben abgeschnitten haben. Die Leitbilder werden zu Punktrichtern: Ist mein Haus groß genug? Habe ich überhaupt eines? Ist meine Ehe glücklich und erfüllend? Liebe ich meinen Job und bin ich erfolgreich? Wirklich erfolgreich genug? Bin ich eigentlich gut? Wie sehe ich aus, bin ich nicht zu …? Sind meine Freunde zu …? Haben die genug …? Habe ich …? Bin ich …? Hätte ich nicht …?

Das Ergebnis unserer Bilanz mit Hilfe der Messlatte der Leitbilder ist, um es vorsichtig auszudrücken, nicht immer freundlich. Das Ergebnis kann deprimierend bis vernichtend sein und ist daher selten hilfreich. Schluss damit.

Etliche unserer Leitbilder erweisen sich – auch wenn sie über Generationen überliefert worden sind – als schlichtweg falsch. Sie sind keine Leit-, sondern Trugbilder. Sie postulieren einen Ursache-Wirkungs-Mechanismus, der nicht funktioniert, und weisen uns einen Weg, der uns eben nicht zum Ziel führt. Sie sind falsche Indikatoren für eine Bilanzierung des bisherigen Lebens. Schlimmer: Sie lassen uns nicht gewinnen, und wir werden wahrscheinlich nicht oder nie ausreichend zufrieden sein. Im Gegenteil. Wir fühlen uns mies, irgendwie falsch in diesem Leben. «Ungenügend. Setzen!», ruft eine innere, oberlehrerhafte Stimme. «Dabei haben wir doch alles richtig gemacht», flüstert eine andere, leisere, geknickte Stimme in uns.

Zeit für einen aufmerksamen Reality-Check

Es ist Zeit, die eigenen Leitbilder, den inneren Kompass wahrzunehmen, zu benennen, zu überdenken und neu auszurichten. Mir sind allein zehn Leitbilder aufgefallen, die uns das Leben in der Lebensmitte sehr schwer machen und einen hohen Leidensdruck verursachen. Um diese zehn Fieslinge geht es hier im Buch.

Wenn wir den Trugschluss, den Irrtum dieser Leitbilder nicht aufdecken, können sie zu Leidbildern werden, weil sie auf falsche Fährten führen, und unser Bemühen um ein zufriedenes Leben ins Leere läuft.

Wir müssen in der Lebensmitte passendere, manchmal auch individuelle Leitbilder (er)finden, mit denen wir die eingefahrene Spur verlassen können. Nur so wird es möglich, die Unsicherheit und Unzufriedenheit, die wir auf so unterschiedliche Art spüren, zu beenden.

Das ist die riesige Chance dieser Lebensphase – und ihre Aufgabe. Nachdem wir jahrelang den vorgestanzten, auf ihre Art standardisierten Leitbildern unserer Kindheit und Jugend hinterhergelaufen und streckenweise -gehechelt sind, haben wir nun die Chance, eine Inventur in unserem Leben zu machen. Zu sortieren, was passt, was geändert werden muss, und zu bewerten: Was habe ich? Woran halte ich fest? Was brauche ich neu? Was fliegt raus?

Das klingt umfassend. Und: Das ist es auch. Aber eine Inventur ist gleichzeitig auch sehr spannend, sehr aufregend, sehr lohnend. Dabei räumt man innerlich auf und befreit sich vom Ballast der Vorstellungen, die nicht mit in die Zukunft weitergeschleppt werden sollten.

Nicht jeder kann mit jedem Leitbild etwas anfangen, nicht jeden betrifft es. Ob einem die Lebensmitte in einem oder mehreren Feldern begegnet, ist sehr individuell. Das heißt, dass nicht alles für jeden eintreffen wird oder relevant ist. Oft hängen Leitbilder oder Irrtümer aber auch zusammen. Deshalb gibt es gezielte Querverweise zu anderen Kapiteln. Letztendlich ist es wie in der Pubertät: Jeder durchlebt sie. Wie stark und konfliktreich sie jedoch erlebt wird und über welche Themen sie sich äußert, ist sehr unterschiedlich.

Bevor passende Antworten gefunden werden können, ist es allerdings auch wichtig, (sich selbst) die richtigen Fragen zu stellen und zu beantworten. Passende Fragen lenken die Gedanken auf neue Antworten und führen so zu Einsichten, neuen Ideen und Perspektiven für die Zukunft.

Ich stelle deshalb viele Fragen in diesem Buch – vor allem im letzten Teil, dem Navigator. Dort werden die verschiedenen Phasen des Aufbruchs beleuchtet, konkrete Fragen dazu beantwortet, aber auch Fragen gestellt, mit denen man sich auseinandersetzen sollte, um voranzukommen. 50 Wegweiser mit vielen Gedankenanstößen und einem Ideenbuffet zielführender Fragen habe ich zusammengestellt. Es ist keine Liste, die streng abgearbeitet werden muss. Jeder kann selbst entscheiden, welche Fragen einen anlächeln, an welchen man beim Lesen hängen bleibt. Genau diesen Fragen sollte man nachgehen. Vermutlich sind es die, die einen zu den Antworten bringen, die man sucht. Meine Erfahrung ist: Am Anfang jedes Aufbruchs stehen die richtigen Fragen.

TEIL I:
LEITBILDER
NEU DENKEN

Wir alle tragen Leitbilder oder Glaubenssätze in uns, die wir seit
unserer Kindheit aufgenommen haben. Sie sind in unseren Köpfen
verankert und leiten unsere Entscheidungen. Doch einige dieser
Leitbilder führen uns in der Lebensmitte auf eine falsche Fährte.
Denn das Versprechen, das sie propagieren, gibt es so nicht. Es sind
Irrtümer.

Wir brauchen also eine Inventur unserer verinnerlichten Leitbilder,
damit sie nicht länger im Hintergrund wirken – und am Ende zu
Leidbildern werden. Es gilt, sie zu hinterfragen, zu prüfen, ob sie
überhaupt noch taugen, und schließlich zu korrigieren und im
Anschluss andere, passende, individuelle Leitsätze zu formulieren,
die uns an diesem Punkt in unserem Leben weiterbringen.

Der erste Schritt: Wir müssen die Existenz und die Wirksamkeit
dieser Bilder erst einmal begreifen. Und erkennen, wieso sie uns
in die Irre führen. Die folgenden vier Leitbilder sind diejenigen, die
uns besonders herausfordern, nicht in unserer Nachdenklichkeit
steckenzubleiben, unsere bisherige Position zu verlassen und uns
neu auszurichten:

Irrtum 1: Du bist angekommen!

Irrtum 2: Du musst dir nur Mühe geben.

Irrtum 3: Das sind die besten Jahre deines Lebens!

Irrtum 4: Du erntest die Früchte deiner Arbeit.

IRRTUM 1:
DU BIST
ANGEKOMMEN!

«Sie sind an Ihrem Ziel angekommen.» Diesen Satz sagt Uschi – wie ich die Stimme meines Navis im Auto getauft habe – fast jeden Tag zu mir. Angekommen. Schön wäre es, liebe Uschi, denke ich.

Ein anderer Satz, den ich in meinem Leben oft gehört habe, ist: «Jetzt fängt der Ernst des Lebens an!» Das sagte mein Großvater Anton früher immer wieder zu mir: zum Start in den Kindergarten, zum Beginn des Gymnasiums, später nach dem Abitur, dann wieder bei Aufnahme meines Studiums. Er hörte nicht auf, diesen Satz zu sagen, und ich wartete auf das Ankommen des Ernstes des Lebens. 1989 starb er als 84-jähriger Mann, und ich hatte keine Chance mehr, seinem Verständnis davon auf die Spur zu kommen.

Ich wartete also darauf, dass ich ankomme. Im Ernst des Lebens, an irgendeinem Ziel. Da es im Studium auch noch nicht so weit war, war es für mich zutiefst plausibel zu glauben: Ach ja, als Erwachsene nach der Ausbildung, mit einem Mann an der Seite, nach Familiengründung ist man angekommen. Es hat mir auch nie jemand widersprochen.

Heute weiß ich: Das Leben ist ein Prozess, kein Zustand. Ankommen? Fehlanzeige. Seltsamerweise halten wir das Erwachsensein aber oft für etwas Statisches, nachdem man irgendwo angekommen ist. Warum eigentlich?

Vielleicht ist es das überlieferte Bild des Erwachsenseins, das uns das denken lässt. Als Kinder und Jugendliche dachten wir, mit Anfang, Mitte 40 sei man steinalt und mit Sicherheit erwachsen. Wer erwachsen war, der musste sich auskennen und über das Leben Bescheid wissen, hatte Antworten auf alle Fragen und war am Ziel angekommen. Am Ziel aller Bemühungen der Kindheit und Jugend mit ihren vielen Stationen und Anforderungen: Schule, Ausbildung, Herzensbildung, das Bemühen, ein guter Mensch zu werden, eine gute Tochter oder

Sohn, ein guter Schüler, eine gute Studentin, ein guter Arbeitnehmer, ein hoffnungsvolles Talent, eine gute Freundin oder ein guter Freund, eine liebenswerte Partnerin oder ein liebenswerter Partner, dann in Folge vielleicht selbst eine gute Mutter oder ein cooler Vater.

Die Liste der Anforderungen war lang, aber irgendwie zu machen, so unsere jahrelange Annahme. Darin wurden wir ja auch bestätigt und ermutigt: «Du musst dir nur Mühe geben» (Irrtum 2).

Als Erwachsene sollten wir also die Lebensleiter mit all ihren Aufgaben erklommen haben und endlich angekommen sein. Und als Belohnung sollte eine Art bequemer Gipfel auf uns warten, den wir uns verdient hatten und zu eigen machen wollten. Wir wollten zurückblicken auf den Weg, der unter und hinter uns lag, und eine große, verheißungsvolle, glückbringende, reichgedeckte Spielfläche für unser Leben vor uns sehen, auf der wir endlich, endlich angekommen sind: den Tafelberg des Glücks. Hier gehöre ich hin. So soll es sein. Immer. Herrlich!

So weit die Idee.

Die gute Nachricht ist: Das ist in Teilaspekten des Lebens auch wirklich so – oder zumindest für eine gewisse Zeit. Dann aber kommt der buckelige Spielverderber dieses Leitbildes. Er sagt: «Guten Tag, Sie haben mich nicht gerufen, aber hier bin ich. Gestatten, mein Name ist echtes Leben.»

Der Tafelberg ist in Wirklichkeit, so entdecken wir, eine Zwischenstation auf unserem Lebensweg. Der Tafelberg ist keine Endstation des Glücks. Der Erwachsene ist in der Lebensmitte entgegen dem weitläufigen Leitbild mitnichten fertig und erwachsen. Er ist in der Lebensmitte nicht angekommen, sondern unterwegs. Die Reise geht weiter.

Das ist heute, in einer Phase des großen gesellschaftlichen, technologischen und wirtschaftlichen Wandels, vielleicht mehr denn je der Fall. Veränderungen gehören dazu, sie sind die Regel und machen vor unserer Wohnungstür keinen Halt, sondern tangieren jeden in seiner

Lebensplanung. Branchen stehen vor dem Umbruch, Anforderungen im Job ändern sich, die Spielregeln für Ehe, Partnerschaft und Familie werden neu ausgehandelt, die Digitalisierung erfordert und ermöglicht eine neue Art zu arbeiten. Das sind nur einige Beispiele.

In der Lebensmitte treffen uns diese Veränderungen in einer Phase besonderer Verantwortung. Zuallererst sind wir verantwortlich für uns selbst. Wir sind in der Tat erwachsen – auch wenn wir uns nicht immer so fühlen. Wir sind aber auch in der Sandwichposition zwischen zwei Generationen, in der wir zunehmend Verantwortung für die älter werdenden Eltern haben und gleichzeitig auch für unsere nachwachsenden Kinder.

Die Veränderungen, auf welcher Ebene auch immer, führen dazu, dass das ausbalancierte Lebensmobile mit den verschiedenen Teilen des bisherigen Lebens zuweilen heftig in Bewegung kommt.

Diese Teile heißen: mein Beruf und die Organisation, für die ich arbeite, meine Beziehung oder Ehe, meine Kinder, meine alternden Eltern, Freunde, Sport, Körper und Gesundheit, eigene Interessen oder der Verein, in dem ich mich engagiere.

Wenn sich eine größere Veränderung einstellt, ist es so, als würde man ein Teil des Mobiles abnehmen oder ein neues Gewicht dranhängen. Alles gerät aus der Balance und gleichzeitig in Rotation. Kein Aspekt des Lebens bleibt an seinem gedachten Platz. Das ist verwirrend und anstrengend. Wo bleibt der Tafelberg des Glücks?

Dieses unerbetene Lebensgefühl kommt meist überraschend, und wir mögen es nicht, denn es ist ungewohnt, unbequem und anstrengend. Die Ursache für das Gefühl sind übrigens weitere Leitbilder, denen wir auf den Leim gegangen sind. «Das sind die besten Jahre deines Lebens» (Irrtum 3), «Du musst dir nur Mühe geben» (Irrtum 2) und «Du erntest die Früchte deiner Arbeit» (Irrtum 4).

Zetern und Hadern ist verständlich, hilft aber nicht. Egal, wie wir die neue Situation finden, wie stark wir uns wehren und aufregen: Am

Ende dieser berechtigen Gefühle schauen wir auf die Unordnung in unserem Leben. Wir sind gefordert, die Teile im Lebensmobile in ein neues Gleichgewicht zu bringen.

Die Frage ist nun: Welches Teil meines Lebens braucht jetzt welchen Platz? Was muss bleiben, weil es gut und wichtig ist? Was kann ich loslassen und muss abgenommen werden? Wo kann ich anfangen oder ein neues Teil hinzufügen, um wieder ins Gleichgewicht zu kommen? Schaffe ich das überhaupt alleine? Wer kann mir helfen?

Dabei hilft es, sich folgendes gedankliche Konzept vor Augen zu führen: Es gibt einen Lebenszyklus, der sich im Leben fortlaufend wiederholt, nur sind wir uns dessen nicht immer bewusst. Es ist ein Kreislauf von drei Phasen:

1. Lassen und loslassen
2. Bleiben und bewahren
3. Neu anfangen

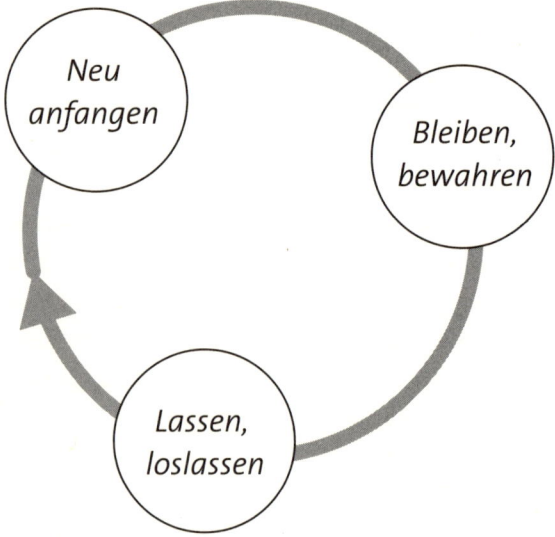

Die eine Phase löst die nächste ab. Immer wieder.

Besonders in der Lebensmitte befinden wir uns gleichzeitig in allen diesen Phasen – je nach Aspekt des Lebens. Ich kann beispielsweise im Beruf etwas Neues ausprobieren und neu anfangen, gleichzeitig in meiner langjährigen Beziehung – trotz aller Reibereien – bleiben und mich vom gewohnten Bild meines starken Vaters verabschieden, weil er sehr gebrechlich geworden ist. Diese Gleichzeitigkeit aller Phasen macht die Lebensmitte sehr intensiv und in Teilen so anstrengend.

Kinder, zum Beispiel Grundschüler, sind mehrheitlich konzentriert auf den Neuanfang: eine neue Schule, sie lernen neuen Stoff, probieren neue Hobbys aus und schließen neue Freundschaften. Sie müssen in der Regel wenig loslassen, denn es kommt mehrheitlich Neues hinzu. Neuanfang ist das Prinzip ihrer Lebensphase.

Die Generation der eigenen Eltern wiederum ist mit dem Bleiben und Bewahren von möglichst vielen Lebensaspekten beschäftigt oder auch mit dem Loslassen. Der Neufang ist ein eher seltener Gast geworden – und dann oft ein ungebetener, zum Beispiel nach dem Tod des Partners.

In der Lebensmitte ist das anders, und es ist nicht immer klar – das ist die Krux –, welche Aspekte des Lebens zur Kategorie «Bleiben und bewahren», «Loslassen» oder «Neu anfangen» gehören. Wir surfen auf allen drei Wellen gleichzeitig.

Größere Veränderungen in der Lebensmitte fordern uns dazu auf, diese Wellenbewegungen für uns zu prüfen. Im Rückblick, wenn man wie im Zeitraffer die eigene Geschichte überblickt, erscheint übrigens vieles sonnenklar. Da sind wir alle Meister der Nachanalyse, denn im Rückblick können Lebenserfahrungen eher ausgedrückt werden, und die notwendigen Konsequenzen scheinen nur zu offensichtlich. Søren Kierkegaard, dänischer Philosoph, hat dazu den folgenden, schönen Satz geprägt: «Verstehen kann man das Leben nur rückwärts. Leben muss man es aber vorwärts.»

Eine kleine Präambel zu den Geschichten, die ich in diesem Buch erzähle und weitergebe: Es sind die Geschichten von Menschen in der Lebensmitte, die diese in den letzten Jahren an mich herangetragen haben. Natürlich habe ich die Namen, Orte und Rahmendaten so verändert, dass man keine Rückschlüsse auf die echte Identität der Person ziehen kann. Es ist auch gar nicht wichtig, ob, wie in der folgenden Geschichte, Alexandra wirklich «Alexandra» heißt und in Aachen oder Amsterdam lebt. Wichtig ist die Essenz ihrer Geschichte, und diese ist hier unverfälscht festgehalten. Die Geschichten zeigen uns, wie vielschichtig die Situationen und Gefühle sind, mit denen wir uns auseinandersetzen müssen. Die Antworten, die die Protagonisten auf ihre Fragen gefunden haben, sind dabei sehr individuell und nicht als Handlungsanleitung gedacht. In meiner Beratungspraxis sehe ich, dass Menschen in vergleichbaren Situationen durchaus zu sehr unterschiedlichen Lösungen kommen.

Eine Geschichte vom Loslassen

Alexandra wollte immer viele Kinder haben. Mit Mitte 30 lernt sie Frank kennen – den Mann ihres Lebens, wie sie denkt. Die beiden heiraten, sind glücklich. Ein paar Jahre später – Alexandra ist inzwischen 38 – bekommen die beiden eine Tochter. Alexandra schwebt auf einer Wolke der Glückseligkeit. Das Leben ist so, wie sie sich das vorgestellt hatte – und wie es ihr von ihren Eltern vorgelebt worden war. Als ihre Tochter fünf Jahre alt ist, trennt sich Frank von Alexandra. Plötzlich. Ohne Vorwarnung. Wir haben uns auseinandergelebt, sagt er. Und Alexandras Traum von der heilen Familie mit mehreren Kindern zerplatzt wie eine Seifenblase. Ping.

Seitdem ist sie alleinerziehend. Und weil diese Krise in die Lebensmitte fällt, bedeutet die Trennung nicht nur die Scheidung von ihrem Mann, sondern auch ein Sich-scheiden-Müssen von der Idee der Familie. Es ist ein Unterschied, ob ein Mensch – oder besser gesagt eine Frau – so etwas im Alter von 25 erlebt oder erst in der Lebensmitte.

Nach der Trennung erholt Alexandra sich langsam und denkt erst immer wieder: «Dann mach ich das eben mit jemand anderem.» Gleichzeitig aber sieht sie, dass sich das biologische Zeitfenster dafür schließt, und Alexandra muss sich – inzwischen deutlich in den Vierzigern – mühsam von der Idee befreien, dass sie das mit der Großfamilie jetzt noch hinkriegt. Es dauert, immer wieder reibt sie sich an ihrem Schicksal. Das Leitbild der klassischen Familie mit Vater, Mutter und zwei Kindern (siehe Irrtum 6: «Deine Ehe, deine Beziehung ist dein Hafen») ist durch diese Trennung einfach nicht mehr realisierbar.

Nach einigen Monaten beginnt bei Alexandra ein Prozess, in dem sie das alles langsam, stückweise loslässt und sich bewusst wird, dass sie das Vergangene nicht zurückholen kann. Sie kann die Trennung nicht rückgängig machen – und ihren Körper nicht jünger. Sie versucht nicht hektisch, eine neue Beziehung zu zimmern, etwas anderes aufzubauen, sondern geht immer stärker in die Akzeptanz: «Okay, ich habe eine kleine Familie, und sie besteht aus meiner Tochter und mir.»

Die beiden interessieren sich inzwischen für ähnliche Dinge: Ballett, Theater, Tanz, Musik, sie kochen gerne zusammen. Sie haben eine kleine, mehrheitlich harmonische und fröhliche Familieneinheit aufgebaut, die aus zwei Personen besteht. Alexandra versucht nicht, sich einzureden, das sei jetzt besser so, sondern akzeptiert, dass alles anders gekommen ist, als sie es sich vorgestellt hatte.

Wenn wir uns mit anderen vergleichen, dann vergleichen wir uns in der Regel gleich mit dem Idealbild eines Leitbildes, das keine Schrammen und Schwierigkeiten hat. In Alexandras Fall: mit dem harmonischen Idealbild einer Familie. Das ist menschlich, aber nicht hilfreich. Ein genauer Blick in die Familienrealitäten im Umfeld hat ihr geholfen zu erkennen, dass nirgendwo Bullerbü ist.

Alexandra hat gelernt, in der Schwierigkeit auch die Gelegenheit zu sehen, wie es Albert Einstein mal ausgedrückt hat. Sie kann ihr Leben mit ihrer Tochter sehr viel freier bestimmen: Es gibt keine Konflikte mit einem Ehemann wegen der Erziehung, keinen Partner, der ihr in den Alltag reinfunkt und zusätzlich eigene Themen, Ansprüche und Probleme in die Familie reinträgt. Das beobachtet sie nämlich in den scheinbar heilen Familien in ihrem Umfeld. Alles allein zu machen und zu entscheiden ist zwar auch zuweilen einsam und schwer, lässt aber eben auch Gelegenheit für viel ungestörten Freiraum und Gestaltungsraum für die beiden. Inzwischen weiß Alexandra diesen Freiraum zu schätzen und für sich zu nutzen. Sie sieht heute nicht mehr mit ungebremstem, undifferenziertem Neid auf Vater-Mutter-zwei-Kinder-Familien.

Wer in der Lebensmitte in eine neue Richtung geht – oder gehen muss –, denkt oft zuerst daran, etwas Neues finden zu müssen. Manchmal ist es aber viel fruchtbarer – und das zeigt Alexandras Geschichte –, zuerst über das Loslassen nachzudenken.

Dinge, Vorhaben, Ideen und Vorstellungen loszulassen und aufzugeben kann viel Raum und Zeit schaffen für neue Themen und Gedanken, die jetzt passender sind für das Leben ab der Lebensmitte.

Ein zweites Suchfeld ist es, sich zu fragen, welche Teile des Lebens man gerade nicht loslassen, sondern festhalten will. Wo will ich beharrlich bleiben, nicht weglaufen, dranbleiben? In der Lebensmitte ist es sehr häufig das berufliche Umfeld, in dem sich diese Frage stellt. Da so vieles in unserer Existenz, unserem Alltag und unserer Person vom Beruf abhängt, ist er ein Schwergewicht unter den Lebensbereichen, die in der Lebensmitte auf den Prüfstand kommen. Das andere Schwergewicht ist die Partnerschaft oder Ehe (mehr dazu bei Irrtum 6: «Deine Ehe, deine Beziehung ist dein Hafen»).

Eine Geschichte vom Bleiben

Bettina, heute 50, ist verheiratet mit ihrer Studentenliebe Matthias, Mediziner mit eigener Praxis. Sie ist schon etliche Jahre als Abteilungsleiterin Marketing für ein großes Unternehmen in München tätig, bevor sie Mutter von zwei Töchtern wird. In der Kinderphase geht sie jeweils schon wenige Monate nach der Geburt zurück in den Job – und zwar gerne. Frustrierend ist es allerdings zu sehen, dass ihr von ihrem Chef – vordergründig aufgrund von Teilzeit – die Beförderung nebst Prokura vorenthalten wird. Es wäre ein Zeichen von Anerkennung und von höherer Verantwortung gewesen. Doch Bettina muss warten und erhält die Beförderung erst nach einigen Jahren. Später, ihre Kinder sind schon lange in der Schule, überholt sie ein jüngerer Kollege auf der Karriereleiter und wird ihr neuer Vorgesetzter. Mist. Bettina flucht. Dann wird das Unternehmen von einem größeren Unternehmen gekauft. Wichtige Aufgaben aus ihrem Bereich werden in eine Abteilung an einem anderen Standort verlagert. Kommuniziert wird das Ganze – wie so oft im Unternehmen – schlecht, und die, die es betrifft, hören fast zuletzt, was genau passiert. Bettina kocht innerlich vor Wut im Gespräch mit ihrem Mann.

Das sind frustrierende Ereignisse, die mehr als geeignet sind, über das Gehen nachzudenken. Doch wozu hat sie sich letztlich entschlossen? Bettina leitet heute noch immer die Marketingabteilung dieser großen Tochtergesellschaft des weltweiten Unternehmens, inzwischen mit deutlich mehr Mitarbeitern, mehr Aufgaben und mehr Gehalt. Sie ist trotz allem geblieben. Freiwillig. Und sie ist über diese Entscheidung sehr mit sich im Reinen, auch wenn ihr der Laden immer wieder auf die Nerven geht.

Wie geht das denn? Wieso ist Bettina geblieben? Wie kommt man dazu zu bleiben nach solchen mehrfachen Vorkommnissen, läuft das Fass nicht irgendwann über? Es ist eine Frage der Abwägung, so Bettina heute. An jeder Entscheidung, dem Bleiben, dem Loslassen oder dem Neuanfang, hängt ein Preisschild. Man gewinnt also immer etwas, handelt sich aber gleichermaßen etwas ein. Bettina war klar, dass sie, wenn sie eine vergleichbare Position in einem anderen Unternehmen haben will, vermutlich München als Lebensmittelpunkt verlassen müsste. Das wäre für ihren ebenfalls berufstätigen, als Arzt niedergelassenen Mann, aber auch für ihre Kinder eine Belastung, die – so ihre Abwägung – nicht im Verhältnis zu ihrer Jobunzufriedenheit stand. Ein zweiter Grund: Ein Beginn in einem neuen Unternehmen bedeutet auch immer, das gesamte berufliche Netzwerk, das eigene Standing, den guten Ruf im neuen Unternehmen neu aufbauen zu müssen. Das braucht in der Regel viel Zeit und noch mehr Energie. Dieser Aufwand von Zeit und Energie war ein zweiter Grund, der die Abwägung in Richtung Bleiben ausschlagen ließ.

Don't panic

Manchmal hilft es, erst mal abzuwarten, anstatt dem ersten Impuls zu folgen. Je undurchsichtiger die Lage, umso mehr spricht dafür, den Staub sich legen zu lassen, um klarer zu sehen, was die Veränderung tatsächlich konkret bedeuten wird. *Keep calm and carry on* – ist tatsächlich erst mal eine gute Devise (siehe Navigator, Wegweiser #1: «Den Gedanken der Chance erst mal streichen und vertagen» und Wegweiser #2: «Keinen unüberlegten Mist machen»).

Bleiben heißt ja nicht, alles so zu lassen, wie es gerade ist. Es heißt, nicht untätig und beharrlich den Lastenesel zu spielen. Bleiben heißt nicht, alle Opfer auf sich zu nehmen, sondern nach der Entscheidung besonders in die Verantwortung für die eigenen Pläne und Wünsche zu gehen. Bleiben heißt nicht bleiben um des Bleibens willen oder wegen der Alternativlosigkeit. Das gibt es natürlich auch, doch es sollte um eine bewusste Entscheidung dafür und einen aktiven Umgang mit dieser Alternative gehen. Und so liegen im Bleiben oft mehr Schätze verborgen, als man auf den ersten Blick denkt.

Wenn es in uns donnert

Manchmal aber ist Bleiben keine Alternative. Dann ist es klar, dass man wegwill oder -muss. Nur die Frage ist, wohin. Wohin will ich aufbrechen, um etwas neu anzufangen oder etwas neu hinzukommen zu lassen? Wo ist vorne?

Wo liegt meine Zukunft?

Die Frage, ob es Zeit ist, zu gehen oder zu bleiben, stellt sich sehr dringlich, wenn ein Veränderungsgewitter über uns zuckt und donnert. Meistens aber stellt sich diese Frage in der Lebensmitte erst leise ein und wird allmählich unüberhörbar. Die Frage prasselt nicht von außen auf uns ein, sondern der Krach kommt aus uns selbst.

Dies geschieht gerade bei erfolgreichen Leuten zwischen 40 und 50 Jahren, je nachdem, in welchem Alter sie ihr Berufsleben begonnen haben. In der Lebensmitte haben sie im Grunde ihre erste Karriere schon abgeschlossen. Sie sind dort angekommen, wo sie hinwollten. Manche Menschen genießen diesen Moment, beruflich angekommen zu sein. Bei vielen anderen entsteht folgendes Gefühl: Jetzt kommt nur noch mehr vom selben, und das fängt an, mich zu langweilen. Das führt bei anderen zu erstaunten Reaktionen: «Du hast doch alles erreicht, was willst du noch?» Es wird oft als überbordender Ehrgeiz abgetan, dabei geht es gar nicht darum.

Diese Menschen sind berufs- und praxiserfahren, routiniert, arriviert in ihrer Position. Das muss gar nicht auf dem Chefposten sein, das erleben auch andere. Sie haben fast alles in dem Feld gesehen, kennen die Prinzipien und Wirkungszusammenhänge ihres Fachbereiches, die «wichtigen» Leute, wirklich alles. Sie fragen sich: «Und so soll ich jetzt einfach weitermachen? Noch weitere 15, 20 Jahre?» Das dumpfe Gefühl, dass sich etwas ändern muss, wächst und wird zu einem dringlichen Wunsch. Mit «Keep calm and carry on» kann man ihnen nicht mehr kommen. Sie wollen weiter und vor allem weg.

Häufig gibt es eine Kombination von beiden Phänomenen. Zuerst wächst seit Monaten oder Jahren das Gefühl, dass einem die vertraute Welt zu klein wird. Dann passiert zusätzlich von außen eine Veränderung, die letztlich den Anstoß zum Aufbruch gibt. So war es bei Marc.

Eine Geschichte vom Neuanfang

Marc hat sich beruflich nach dem Studium und einem Traineeprogramm bei einem Großverlag mit hohem Energieeinsatz und guten Ideen durch viele Berufsstationen hochgearbeitet. Headhunter rufen bei ihm jeden Monat an und wollen ihm einen neuen, noch besseren Job in der Branche vermitteln. Irgendwann folgt er einem dieser Angebote und ist nun in der Geschäftsleitung eines Unternehmens der digitalen Wirtschaft. Das ist klug, denn die Eisscholle, auf der die klassischen Verlage mit gedruckten Zeitungen und Zeitschriften stehen, schmilzt schon zu dieser Zeit heftig, und der Markt, die Umsätze, die Anzahl der attraktiven Jobs werden von Jahr zu Jahr kleiner. Marc sieht die Marktentwicklung und für sich die Chance, sich in eine neue Branche einzuarbeiten. Er ist früh dran mit seiner Erkenntnis und bewegt sich aus seiner angestammten Branche heraus, bevor die Situation dort für ihn unerfreulich werden könnte. Das ist aber erst der Anfang vom beruflichen Neuanfang in seiner Lebensmitte.

Ein paar Jahre später: Marc ermüden die ewig gleichen Ereignisse und Rituale in einem Wirtschaftsunternehmen mit den gleichen Meetings, Hierarchien, Berichten und Präsentationen vor den Chefs, dem täg-

lich gleichen Schauspiel von Mitarbeitern, ihren Vorgesetzten, Ränke-spielen in den Geschäftsleitungsetagen etc. Der Wechsel vom Verlag ins Unternehmen der digitalen Wirtschaft war, was den Wechsel der Branche angeht, für ihn zu 100 Prozent richtig. Was das Leben und Arbeiten in einer Organisation angeht, so ist Marc vom Regen in die Traufe gekommen. In diesen Punkten unterscheidet sich das Leben und Arbeiten von einer Organisation zur nächsten Organisation, ob nun konservativ, hip, cool oder digital, nach kurzer Zeit überhaupt nicht.

Marc spürt, dass er an den Rahmenbedingungen, seiner eigenen Art zu arbeiten, etwas ändern muss. Er will aus dem Hamsterrad eines Großunternehmens aussteigen. Ein neuer Arbeitsmodus muss her.

Dann kommt mit lautem Knall der Veränderungsschub, der seine Überlegungen beschleunigt: Die Geschäftsleitung soll verkleinert werden aus Gründen, die mit Marc und weiteren Kollegen persönlich wenig zu tun haben. Marc nimmt dies, nachdem der erste Schock vorbei ist, als Wink des Schicksals in seiner Lebensmitte. Die Bedingungen, um beruflich etwas Neues anzufangen, können eigentlich nicht besser sein. Er ist inzwischen Anfang 40.

Mit der Abfindung auf dem Konto entscheidet er sich, nicht den nächst-besten oder scheinbar ·besseren Angestelltenjob anzutreten, sondern etwas Neues anzufangen und Großunternehmen als Arbeitnehmer den Rücken zu kehren. Marc macht sich mit seiner fachlichen Expertise selbständig und gründet sein eigenes Start-up-Unternehmen. Das ist ein mutiger Schritt. Nach Jahren als Angestellter mit festem monatli-chem Gehalt auf dem Konto ist der Schritt in die Selbständigkeit erst mal eine große Umstellung. Jetzt muss er selbst für Aufträge sorgen, sich quasi erst Arbeit beschaffen, die dann für Einkommen sorgen kön-nen. Das bedeutet kontinuierliche Aufbauarbeit und nicht Gewinn ab dem ersten Tag.

Dies ist inzwischen mehr als zehn Jahre her, und die Zufriedenheit
über diese Entscheidung sieht man Marc heute noch an.

Es geht bei dem Aufbruch in der Lebensmitte gar nicht darum, eine in
jüngeren Jahren getroffene Entscheidung zu revidieren, im Sinne von
«Das hast du völlig falsch entschieden und falsch gemacht». Mal abgesehen davon können wir unsere Entscheidungen und Erfahrungen ja
auch gar nicht rückgängig machen. Vielmehr noch: Es wäre eigentlich
auch dumm, dies zu wollen. Denn es gilt gerade im Licht der Erfahrungen, die wir bis zur Lebensmitte gesammelt haben, das Ergebnis
der bisherigen Entscheidungen zu bewerten und für die weitere Zukunft passend weiterzuentwickeln. Es geht darum, auf dem Erreich-
ten für die Zukunft, die vor einem liegt, aufzubauen. Marc hätte sich
ohne die jahrelange Berufserfahrung als Experte und seine Netzwerke
als Angestellter nie so erfolgreich selbständig machen können. Es gilt
beim Neuanfang der Lebensmitte, das Bisherige wertzuschätzen und
zu schauen, wie es als Trittbrett, als Räuberleiter dienen kann, um den
Neuanfang möglich zu machen.

Die Geschichten von Alexandra, Bettina und Marc, vom Loslassen,
Bleiben und Neuanfang, sind Geschichten, die zeigen, warum es notwendig ist, seine Lebensteile im Lebensmobile genau anzusehen und
zu prüfen, wo es einer Veränderung in welche Richtung bedarf. Festhalten ist zwar keine Veränderung, aber eine bewusste Entscheidung,
die ebenfalls hilft, unser Leben in der Lebensmitte auszurichten und
passend für uns zu gestalten.

Gemessen an der hohen Lebenserwartung, haben wir noch viel
kostbare Lebenszeit für Wünsche und spannende Vorhaben vor uns.
Wir haben die Aufgabe, uns selbst die Freude am Leben zu erhalten.
Das können wir nur durch bewusste Entscheidungen und einen Aufbruch zu neuen Ufern, wenn es nötig ist. Das kann niemand anderes
für uns tun, das können nur wir selbst. Wir sollten diese Chance weder

verpassen noch verschenken. Die Lebensmitte ist ein kostbares Zeitfenster.

Lebensmitte heißt also nicht: «Du bist angekommen.» Es gibt keinen Tafelberg des Glücks. Dieses Leitbild können wir getrost verabschieden. Lebensmitte heißt vielmehr: «Du wirst erneut aufbrechen.» Du bist unterwegs. Ich tendiere dazu, das gut zu finden.

Irrtum: «Du bist angekommen!»

Korrektur: «Du bist unterwegs!»

IRRTUM 2:
DU MUSST DIR
NUR MÜHE GEBEN

Schaffe, lerne, leiste was! So hast du, kannst du, bist du was! Mit diesem Motto der Leistungsgesellschaft werden wir groß. Mit der Behauptung «Du musst dir nur Mühe geben» werden wir schon als Kinder angespornt. Als Erwachsener übernimmt ein innerer Antreiber und murmelt diesen Satz mantraartig. Das Versprechen: Funktioniere, dann wird alles gut. Welch Irrtum.

In der Lebensmitte erleben wir, dass sich Mühe zu geben eben nicht reicht, um an die versprochene Belohnung – immerwährendes Lebensglück – zu kommen. Im Gegenteil: Es gibt Lebensbereiche, die wir beeinflussen, letztlich aber nicht bestimmen können. Wir müssen akzeptieren, dass unser Tun uns eben nicht überall hinbringt, wo wir hinmöchten. Wir müssen anerkennen, dass wir nicht alles können, sondern fehlbarer sind, als uns lieb ist und wir es zeigen möchten.

In meiner Beratungspraxis spreche ich häufig über diese Situationen. Vor mir sehe ich sehr engagierte Menschen, die sich verdammt viel Mühe in unterschiedlichen Lebensbereichen geben, und das schon seit langer Zeit. Leider führt diese Mühe, die Leistung, die sie bringen, nicht immer zu den Ergebnissen, die sie sich erhoffen und ausrechnen. Die Folge: Diese Menschen sind müde geworden. Tatsächlich müde von all den körperlichen oder geistigen Anstrengungen und der zeitlichen Investition in ein Thema. Aber auch geistig müde, weil sich der Erfolg einfach nicht einstellen will.

Es ist Zeit für eine Einkehr wie beim Wandern in den Bergen, denn ohne Ende Mühe und Kraft zu investieren können wir uns in der Lebensmitte nicht mehr leisten. Die Energie, die wir zur Verfügung haben, ist limitiert und unsere (Lebens-)Zeit auch. Also am besten mit dem Mühegeben für ein paar Stunden Pause machen und einkehren, um zu schauen, woher man kommt, wie der Streckenverlauf bisher war und wie es weitergehen soll, um das Ziel der Wanderung oder des Streckenabschnitts zu erreichen. Es gilt, eine Analyse des bisherigen Weges und seiner Anstrengungen bis zur Lebensmitte zu machen und daraus für den nächsten Abschnitt zu lernen.

Das Ziel dabei sollte Folgendes sein: Wir müssen uns selbst umfassender wahrnehmen als bisher und anerkennen, dass wir nicht so vollkommen sind, wie wir glaubten durch unsere Mühe werden zu können. Im Gegenteil: Wir bringen Einschränkungen mit, Fehler, Verfehlungen, Ungereimtheiten, Unbeständigkeiten oder andere schwierige Verhaltensweisen wie etwa unser rechthaberisches Gehabe. Wir zeigen bisweilen einen eingeschränkten Willen zur Selbstkritik und sind doppelzüngig und hart, wenn es um andere geht. Wir sind bereit, andere weiträumig zu be- oder verurteilen und sie für das, was uns widerfährt, verantwortlich zu machen.

Es geht jetzt aber nicht um die anderen, sondern um uns selbst: Wir müssen unsere Grenzen wahrhaben wollen und darauf aufbauen.

Wir müssen erkennen, dass es um so viel mehr geht, als sich Mühe zu geben, als Leistung und den Versuch, die Dinge zu kontrollieren. Angesichts der Krisen in der Lebensmitte können wir nicht mehr so tun, als seien wir perfekt und omnipotent – und möglicherweise nur die anderen Schuld. Die Rückschläge in unserem Leben wirken dazu zu ernüchternd.

Guten Willen und Mühe kann man in wirklich allen Lebensbereichen einsetzen. Bei meiner Arbeit treffe ich Menschen, die dem Irrtum «Du musst dir nur Mühe geben» auf ganz unterschiedliche Weise begegnen. Allen gemeinsam ist das hohe und sehr anerkennenswerte Engagement, das sie bereit sind zu investieren, und die große Erschöpfung, weil sich der erhoffte Lohn für die Mühen nicht einstellen will. Sie alle verbindet die Notwendigkeit, den Wirkzusammenhang von Mühe und Ergebnis zu untersuchen und vielleicht auch neu für sich zu bewerten. Es geht nicht darum, mit der Mühe aufzuhören. Manchmal geht das auch gar nicht. Es geht darum, sie bewusster, zielgenauer und im richtigen Rahmen und Maß einzusetzen und zu justieren, was ich mir für meine Mühen erwarte und erwarten kann.

Drei Geschichten von gutem Willen, der ins Leere läuft

Anne

Anne hält sich eigentlich für eine gute Mutter: zugewandt, freundlich, konsequent, wo nötig, kreativ, gute Impulse setzend. Sie fördert und unterstützt ihre Tochter, wo sie kann: Reiten, Geige, Bastelanregungen, Treffen mit Freunden, Reisen. Alles. Und so wird ihre Tochter ein süßes Mädchen mit viel Charme.

Nur was sie in der Schule abliefert, ist eine einzige Enttäuschung. Die vielen schlechten Noten im Zeugnis sehen aus, als gäben sich Anne und ihr Mann keine Mühe zu Hause – so zumindest Annes Sorge. Dabei hat sie doch so viel getan, um ihrer Tochter zu helfen. Trotzdem: Jedes Mal, wenn sie sich in ihrer ohnehin spärlichen Freizeit hinsetzen, um gemeinsam Hausaufgaben zu machen, hat Anne das Gefühl, sie reiße sich umsonst ein Bein aus. Ihre Tochter, so Annes Empfinden, ist einfach nur bockig, strengt sich nicht an oder lehnt ihre Hilfe ab. Das Resultat: Anne bekommt regelmäßig Tobsuchtsanfälle. Sie wird ungeduldig und richtig sauer, wenn es nicht so flutscht, wie sie will. Das macht die Noten ihrer Tochter nicht besser – ganz im Gegenteil.

Dieser tägliche Dauerkonflikt zieht ohne Ende Energie aus Anne heraus, er deprimiert sie. Mutter eines Schulkindes zu sein, hat sie sich anders, freudvoller und fruchtbarer vorgestellt. Sie muss erkennen: Anstrengung und Mühe allein reichen nicht. Nicht jedes Kind hat automatisch gute Noten, nur weil seine Eltern guten Willen zeigen.

Tamara

Tamara hat einen Job im Vertrieb, und ihre Aufgabe ist es, Projekte von Großkunden zu akquirieren. Ihre Firma hat sie gut darauf vorbereitet, ihr für diese Aufgabe Budget gegeben und Zeit eingeräumt – und Tamara hängt sich rein, schuftet und macht eigentlich alles richtig. Nachdem sie nach drei Jahren trotz allem immer noch keine nennenswerten, umsatzstarken eigenen Kunden gewonnen hat, muss sie sich überlegen, ob es in der Firma noch eine Perspektive für sie gibt. Ihr Arbeitgeber bittet sie ebenfalls darum, sich nach einer neuen Aufgabe umzusehen. Sie hat so viel daran gearbeitet, Umsatz ins Haus zu holen und sich eine gute Position aufzubauen. Und jetzt?

Michael

Michael ist beruflich mit einem Innovationsprojekt beschäftigt, das ihm wirklich am Herzen liegt. Monatelang schließt er sich in seinem Büro ein, feilt am Konzept, programmiert Prototypen, bastelt Präsentationen, verschiebt Urlaube, macht Überstunden und präsentiert mit seinem Team wie ein Weltmeister, um das Projektbudget zu bekommen. Am Ende ist alles umsonst. Die Geschäftsführung dankt kurz und knapp für die Idee, stellt aber «vorerst kein Budget zur Verfügung», was so viel heißt wie «nie». Michael hat sich wieder so viel Mühe gegeben, mit der Idee durchzukommen. Es ist nicht das erste Mal, dass ihm das passiert. Und langsam verliert er die Lust, sich reinzuhängen.

Ursachenforschung

Wer bei diesen und anderen Beispielen nach der Ursache des Problems forscht und sie nur im Außen sucht, sprich beim Kind, dem Schulsystem, den Großkunden, dem Chef oder der Personalabteilung, greift zu kurz und kommt nicht weiter.

Wir müssen auf uns selbst schauen und uns selbst erkennen, inklusive unserer Unzulänglichkeiten, Unfähigkeiten, unserer begrenzten Möglichkeiten und Fähigkeiten und unserer Fehler. Wir sind eben doch nicht Superman oder Superwoman geworden – trotz aller Mühe. In der Lebensmitte erkennen wir: Wir verfügen über viele Fähigkeiten, Erfahrungen, Kenntnisse, aber es gibt eben auch Grenzen dessen, was wir leisten, denken und fühlen können und was wir sind. Diese Erkenntnis ist vordergründig nicht glitzernd, sondern unbequem. Wir alle haben blinde Flecken in der Wahrnehmung von uns selbst – und Krisen fordern uns zusätzlich heraus. Daher ist es ganz natürlich, dass man sich davor erst einmal drücken will und primär die Fehler bei anderen im System sucht. Trotzdem: Der Blick muss auch nach innen gerichtet sein – gerade in der Lebensmitte. Denn nur Selbsterkenntnis zeigt, was in uns ist, was aber auch nicht. Da können sich mitunter leere Hallen in uns öffnen, und Hilflosigkeit macht sich erst einmal breit. Unser Bild vom erwünschten Zustand der Dinge und die Realität passen nicht zusammen. Katerstimmung.

Wie begegnen wir diesem unangenehmen Gefühl? Der Reflex, das alles nicht wahrhaben zu wollen, ist verständlich. Die Fehler bei anderen zu suchen auch. Vielleicht gibt es die ja sogar. Es geht jedoch darum, sich ein klares Bild von der Situation, dem Thema zu machen. Dabei kann jemand helfen, der die Situation aus anderer Perspektive kennt. Das kann der Chef sein, eine gute Freundin oder ein Kollege. Jemand, dem man ein ehrliches Urteil zutraut, der gutes Feedback geben und blinde Flecken der eigenen Wahrnehmung ausleuchten kann (siehe Navigator, Wegweiser #22: «Das Profil schlechter Gesprächspartner» und Wegweiser #23: «Das Beuteschema für gute Gesprächspartner»).

Es gilt herauszufinden, was von dem, was ich erlebe, auch andere so sehen. Welche Fehler muss ich als meine Fehler anerkennen? Welche Leistungen der anderen? Was ist mein Anteil am Thema, an der Krise? Wo habe ich trotz Mühe Dinge versäumt oder falsch gemacht? Wo fehlt es mir an Kompetenz, Erfahrung oder Fähigkeit oder an Konsequenz, etwas zu erreichen? Ist mir der Preis, den das Erreichen mancher Ziele kostet, einfach zu hoch? Gebe ich mir an den falschen Stellen Mühe? Werden zum Beispiel statt Pünktlichkeit und Überstunden viel eher gutes Netzwerken und Akquise beim Vorgesetzten geschätzt?

Wir müssen ehrlich und realistisch in unserer Einschätzung sein und uns Fehler und Unzulänglichkeiten eingestehen. Es geht überhaupt nicht darum, sich selbst in Grund und Boden zu richten, sondern ein möglichst differenziertes Bild von sich selbst zu bekommen. Nur durch eine ehrliche Sicht kann eine Erkenntnis für sich selbst gewonnen werden, aus der Neues entstehen kann. Dies ist wichtig, schließlich ist man nicht mehr Lebensanfänger, sondern in der Lebensmitte. Wir sind wertvolle Menschen, so wie wir sind. Es geht darum, das, was wir mitbringen, zum Glitzern und Glänzen zu bringen und so wirksam einzubringen, dass es Früchte trägt. Durch die Bewertung der eigenen, bisherigen Erfahrungen gelangen wir zu einer ehrlichen Einschätzung unserer eigenen Position, unseres eigenen Anteils an der aktuellen Krise oder dem Problem, das uns jetzt umtreibt.

Dies kann bedeuten, akzeptieren zu müssen, dass wir trotz Mühe nicht weiter kommen als bis zu einem bestimmten Punkt. Oder nur ein bestimmtes Ergebnis erhalten, das unter unseren Erwartungen liegt. Das muss kein Drama sein. Im Gegenteil. Es ist eine Stärke, dies zu erkennen, und entlastend, seine eigenen Fähigkeiten und Kräfte richtig einschätzen zu können. Wir können so dosierter mit den eigenen Kräften umgehen, die Mühe auf andere Ziele richten oder die eigenen Erwartungen anpassen.

Mit diesem Wissen im Hinterkopf unterstützt Anne auch weiterhin ihre Tochter, allerdings mit einer anderen Haltung. Durch die Mühe am Nachmittag haben sich die Noten stabilisiert. Aber es ist Anne jetzt klar, dass die Kleine wahrscheinlich keine Einser-Kandidatin werden wird.

Michael hält danach Ausschau, bei welchem Unternehmen er seine starken konzeptionellen und Innovationsfähigkeiten, seine Mühe und sein Engagement zielführender einsetzen kann.

Tamara hat die Akquisestrategie geändert: Sie akquiriert jetzt kleinere Kunden mit kleineren Projektbudgets für eine andere Firma. Das fällt ihr viel leichter. Die Ansprechpartner auf Kundenseite sind für sie müheloser erreichbar, da es nicht mehr die «Big Bosses» im Unternehmen sind, sondern Abteilungsleiter und Bereichsleiter. Die neuen Kunden arbeiten gerne mit ihr zusammen, und ihr gelingt es immer wieder, Folgeaufträge an Land zu ziehen. Statt mit ihrer Mühe ins Leere zu laufen, schafft Tamara jetzt Umsatz für die neue Firma. Zwar weniger als in der alten Firma gedacht, sie baut sich dabei aber vergleichsweise mühelos einen eigenen Kundenstamm auf. In der Konsequenz wird sie zwar nicht Top-Vertrieblerin nach Umsatz werden, aber Top-Vertrieblerin nach eigener Arbeitszufriedenheit und Kundenbindung.

Die Frage in der Lebensmitte lautet somit nicht: «Gebe ich mir genug Mühe?», sondern vielmehr:

1. Tue ich eigentlich das Richtige?
2. Gebe ich mir an der richtigen Stelle Mühe? Kann ich an dieser Stelle überhaupt etwas bewirken? Oder ist meine Mühe an anderer Stelle besser investiert?
3. An welcher Stelle in meinem Leben muss ich akzeptieren, dass ich trotz Mühe nicht weiter kommen werde als bis zu diesem Punkt oder Ergebnis? Wo muss ich sagen: «Ich habe alles getan, was ich konnte; mehr geht nicht, und das ist okay»?
4. Suche ich vielleicht nach Anerkennung für meine Mühe am falschen Platz?
5. Messe ich Erfolg in meiner Arbeit mit dem falschen Maßstab?

Tue ich überhaupt das Richtige?

Es kann sein, dass man mit seinen Begabungen und Fähigkeiten nicht oder inzwischen nicht mehr an der richtigen Stelle im Leben steht. Vielleicht hat sich das (berufliche) Umfeld verändert, vielleicht hat man sich selbst verändert, sodass die Aufgabe und man selbst nicht mehr zusammenpassen und man deshalb nicht mehr in der Lage ist, mit seinem Einsatz zu befriedigenden Ergebnissen zu kommen. Es ist ernüchternd, aber auch erleichternd zu merken, dass man sich an dieser Stelle nicht mehr abrackern muss.

Gebe ich mir an der richtigen Stelle Mühe?

Auch unsere Arbeitgeber und die Strukturen in der Organisation ändern sich. Vormals wichtige Abteilungen, Aufgaben oder Projekte treten in den Hintergrund, andere werden wichtiger. Budgets, die Aufmerksamkeit der Chefs und Anerkennung gehen in andere Bereiche als die, in denen man aktiv ist und sich Mühe gibt. Möglicherweise machen wir unsere Aufgabe auch so verlässlich und dauerhaft gut, dass es keiner mehr merkt oder es aktiv bemerkt und auch äußert.

Wir müssen also prüfen, ob wir da, wo wir im Moment sind, überhaupt Erfolge für uns verzeichnen können. Eine interessante Unterfrage: Woran messen wir das? Woran machen wir es fest? Es kann also sein, dass zwar unsere Vorgesetzten unsere Mühe nicht sehen und anerkennen, aber dafür unsere Kunden, Kollegen oder Klienten – kurz die Menschen, für die wir direkt etwas tun. Wir müssen dann abwägen, ob uns diese Anerkennung reicht. Und warum eigentlich nicht?

Wir dürfen nicht erwarten, dass unser Unternehmen oder unser Arbeitgeber sich für uns ändert. Das wird schlichtweg nicht passieren. Ändern wir unseren Blick auf unsere Aufgabe, zum Beispiel was deren Sinnhaftigkeit angeht. Verändern wir lieber, wenn möglich, unsere Position beim Arbeitgeber und konzentrieren wir uns auf Stellen und Aufgaben, bei denen unsere Mühe gut investiert ist und anerkannt wird, weil diese Aufgaben im Fokus stehen. Ist das alles nicht möglich, sollten wir anfangen, unser Einsatzfeld gänzlich zu überdenken, und möglicherweise den Arbeitgeber wechseln.

An welcher Stelle in meinem Leben muss ich akzeptieren, dass ich nicht weiterkomme?

Unreflektiertes Ausharren ist in der Lebensmitte keine Option (mehr dazu bei Irrtum 8: «Deine Firma meint es gut mit dir»). Die Erkenntnis «Ich habe alles getan, was ich konnte; mehr geht nicht, und das ist okay» ist ebenfalls sehr befreiend.

Es gibt diese Lebens- und Arbeitsbereiche, in denen das eigene Bemühen wie eine Sisyphusaufgabe erscheint. Die täglichen Anstrengungen sind wie der Stein, den einst der König von Korinth Sisyphus den Berg mühsam hochrollte, nur um ihn am Ende wieder herunterrollen zu sehen. Erfolge sind nur bedingt oder sehr langsam sichtbar – oder stellen sich überhaupt nicht ein. Das Ende der Anstrengungen jedenfalls scheint nicht in Sicht. Das ist in großen Unternehmen so, aber ebenso häufig bei sozialen oder pflegenden Tätigkeiten zu finden wie auch bei fast allen Aufgaben im Haushalt. Deswegen sind Letztere ja in der Regel auch ungeliebt.

Hier gilt es, in zwei Richtungen zu suchen: Kann ich für mich akzeptieren, dass «mein Bestes geben» gleichbedeutend ist mit «das Beste geben»? Besteht der Sinn meiner Mühe gerade in der Wiederholung, in der Beständigkeit, im aufmerksamen Dasein und im kontinuierlichen Mühegeben?

Suche ich nach Anerkennung für meine Mühe am falschen Platz?

Ein Beispiel: Eine demente Schwiegermutter wird nie richtig anerkennen, was man für sie alles tut. Im Gegenteil. Sie wird – in ihrer Welt gefangen – missmutig vor sich hin granteln und Ihre Leistungen sogar abwerten. Auch Eltern kriegen in der Regel kein Lob, keine Anerkennung und keinen Preis für tägliches Abrackern von ihren Kindern verliehen. Im Zweifel muss man sich andere suchen, die den eigenen Beitrag zu schätzen wissen, oder, noch einfacher, sich selbst auf die Schulter klopfen und gute Noten geben.

Messe ich Erfolg in meiner Arbeit mit dem falschen Maßstab?

Sind beispielsweise die verbesserten Schulnoten, an denen ich den Erfolg meiner Mühen messe, der richtige Maßstab, oder ist es schon ein Erfolg, wenn die Noten nicht schlechter werden und die Tochter ein gut integriertes, weitgehend zufriedenes Schulkind ist?

Wir alle leben von der Anerkennung unseres Tuns. Es kennzeichnet aber auch die Lebensmitte, dass uns nicht permanent jemand von außen bestätigt und verkündet, wie toll wir alles machen. Die Anerkennung muss im hohen Maße auch von uns selbst kommen.

Mühe um jeden Preis ist keine Handlungsstrategie für die Lebensmitte. Man kann sich Mühe geben, bis einem die Kräfte schwinden – sollte man aber nicht. Gerade in der Lebensmitte merken wir, dass unsere Kraftreserven begrenzt sind. Das macht auch eigentlich nichts. Die Erkenntnis der Lebensmitte muss deshalb heißen: Setze deine Mühen mit Augenmaß, Überlegung und Herzenstakt ein. Wenn es trotz Mühe nicht funktioniert, schau noch mal genau hin.

Irrtum: «Du musst dir nur Mühe geben.»

Korrektur: «Du musst dir gezielt Mühe geben.»

IRRTUM 3:
DAS SIND DIE BESTEN JAHRE DEINES LEBENS!

In der Lebensmitte erleben wir eine erfüllte, reiche Zeit. Das zumindest ist unsere Erwartung. Stimmt doch, oder? Erfüllt ist die Lebensmitte fürwahr, aber vielmehr im wahrsten Sinne des Wortes und mit oftmals mehr, als uns lieb ist.

Gerade Menschen, die erst mit Mitte 20 ins Berufsleben eingestiegen sind und entsprechend spät eine Familie gründen, stehen am Anfang der Lebensmitte gleichzeitig noch in der sogenannten «Rushhour» des Lebens. Das ist die Zeit der Familiengründung, des Aufstiegs im Beruf, des dynamischen Lebenslaufs, in der man sich freiwillig ausschließlich im Vorwärtsmodus befindet. In dieser Rushhour treffen zahlreiche Lebensaufgaben verdichtet aufeinander:

- Wir stehen mitten im Berufsleben oder konsolidieren unsere Position.
- Wir befinden uns in einer Sandwich-Position zwischen den Kindern und den alternden Eltern, die nun erhöhte Aufmerksamkeit brauchen.
- Die Kinder sind bei denen, die spät angefangen haben, noch relativ klein und brauchen ebenfalls erhöhte Aufmerksamkeit.

Von dieser Lebensphase und vor allem ihren Belastungen wird relativ viel gesprochen. Die Symptome dieser Lebensphase sind Tage und Nächte, die gefüllt sind mit Arbeit und Beruf, den heranwachsenden Kindern und deren Terminen, den Anforderungen eines Familienlebens, einem Haushalt, der geführt und beackert werden will, einem Partner mit seinen Terminen, Ansprüchen und Wünschen und der Liebe, die nicht verlorengehen soll, Verabredungen zum Sport, Kochen oder Kino und Verpflichtungen im Freundeskreis.

Dieses hochgetaktete Treiben, das permanente Beschäftigtsein, ist genauso typisch für die Rushhour wie auch für die Lebensmitte. Wir verhandeln wie die Weltmeister mit unserem Partner, Arbeitgeber, unseren Freunden und Kindern um Leistung und Gegenleistung: Es geht um freie Zeit, Erholung, Schlaf, Arbeitsvolumen. Der Tag könnte auch 36 Stunden haben, die Woche acht Tage: Die Zeit würde dennoch nicht reichen. Die Zeitschriften, Talkshows und unsere Gespräche mit Freunden sind voll mit Beiträgen, wie man dem begegnen kann. Alle sind sich einig, dass das eigentlich zu viel ist und in der Überforderung aller enden kann. Burnout und Erschöpfungszustände oder zumindest das überdeutliche Gefühl «Es reicht!» erlebt man oft im Freundeskreis – und manchmal eben auch bei sich selbst.

Ein Teil dieser Geschäftigkeit ist Ausdruck und Ergebnis des prallen Lebens, das wir uns aufgebaut haben. Wir sind in guter Gesellschaft: «Busy» oder «im Stress» sind im Prinzip alle in unserem Umfeld. Man darf darüber klagen, die Augen rollen und damit kokettieren, ohne als Waschlappen zu gelten. Es ist sogar ein bisschen schick, über den vollen Alltag zu stöhnen.

Trotzdem fragt man sich: Sind das wirklich die besten Jahre meines Lebens? Wenn man sich als Paar nichts als die Klinke in die Hand gibt, nur noch Abholtermine, Einkaufslisten und andere To-dos koordiniert bei dem Versuch, zwei Berufe und zwei Kinder unter einen Hut zu bekommen, und das Leben mehr verwaltet als lebt?

Zu Recht fragt man sich, wenn man vor lauter Erschöpfung lieber ungestört alleine einschläft, statt miteinander: Und das sind also die besten Jahre meines Lebens? Natürlich ist es schräg, wenn eine Autofahrt vom Job nach Hause – alleine und mit der wohligen Sitzheizung an – die einzige Erholung in einem durchgetakteten Tag ist.

Es ist ein ambivalentes Gefühl, das uns erfüllt. Wir haben für vieles, was uns jetzt umgibt, lange gearbeitet. Das Haus oder die schöne Wohnung, wir wollten genau mit diesem Partner zusammen sein, wir wollten ein Kind, diesen Job. Alles. Trotzdem zehrt das «Busy-Sein», die Rushhour des Lebens. Stop. Go. Stop. Go. Go. Go. Täglich. Wöchentlich. Über viele Jahre hinweg. Das macht uns müde. Die besten Jahre? Ja. Nein. Jein. Geht schon.

Damit haben wir in der Regel gelernt irgendwie umzugehen. Wir koordinieren uns, organisieren uns. Wir helfen uns gegenseitig im Freundeskreis, in der Familie, mit dem Partner. Wir lernen, auch mal etwas wegzulassen, setzen Prioritäten, werden pragmatisch. Wir machen Urlaub. Dann geht es wieder. Und zwar: los. Es läuft nicht alles superglatt – es ist etwas holprig, wie Fahrradfahren auf Kopfsteinpflaster. Wir schaffen das. Sind in Übung. Wir wühlen uns durch und kommen weiter. Von Tag zu Tag. Woche zu Woche. Huch! Schon wieder ein Jahr um? So richtig nach den besten Jahren des Lebens fühlt es sich zwar nicht an, aber damit kommen wir schon klar. Irgendwie.

Es ist nicht die Rushhour des Lebens, die noch in die Lebensmitte reinragt, die uns wirklich irritiert. Sie strengt an, ja klar. Aber das ist nicht der springende Punkt. Es ist vielmehr das: Die Lebensmitte ist auch eine Zeit der Unruhe und des Umbruchs, in der zum Teil parallel, im laufenden Betrieb des Lebens, das wir uns eigentlich gerade erst aufgebaut haben, viele Weichen erneut gestellt werden. Es fängt eine neue Suche an, statt dass man angekommen ist (Irrtum 1: Du bist angekommen!). Diese Suche wird natürlich von den Erfahrungen und Anstrengungen der Rushhour mit ausgelöst, aber auch von vielen externen Faktoren: dem Job, dem Partner, der Krankheit der Eltern. Statt einen Tafelberg des Glücks zu erleben, brettern wir in Teilen wenig elegant über die Buckelpiste des weiteren Lebens.

Tatsächlich aber stehen wir gleichzeitig an einem guten Punkt im Leben: Wir haben viele Erfahrungen gesammelt, vieles erreicht, was uns wichtig ist, im Beruf haben wir vielleicht die Karrierestufe X, den Job Y erreicht, haben einen Partner gefunden, eine Familie gegründet, sind relativ unabhängig und in der Regel noch bei guter Gesundheit.

Wir haben vieles geschafft und sind doch auf der Suche. Das irritiert und verwundert uns.

Woran liegt das? Das Wörtchen «doch» ist so herrlich verräterisch für unsere Haltung. Wir haben eben nicht damit gerechnet, «doch» noch auf der Suche zu sein – wider Erwarten. Wir wollten die besten Jahre unseres Lebens in Händen halten. Und nun das. Wir sind nicht abgeschlossen, sondern müssen für Wandel aufgeschlossen sein.

In dieser Lebensphase müssen nun zwei Dinge gelingen: Erstens müssen wir das Gute, das wir erreicht haben, sehen, wahrnehmen und leben. Und zweitens müssen wir die Kraft für schwierige und teilweise frustrierende Fragen und buckelige Streckenabschnitte aufbringen. Das ist ein unerwartetes Spannungsfeld mitten in unserem trubeligen Alltag, mit dem wir lernen müssen gekonnt umzugehen. Die wenigsten können sich auf einen Berg zurückziehen, zu einer Weltreise aufbrechen und gründlich über die Zukunft sinnieren. Wir bleiben mit beiden Beinen im Alltag verankert, und unser Geist begibt sich dennoch erneut auf die Suche und Reise.

Dieser Veränderungsprozess gliedert sich in der Regel in vier Phasen: die Zeit des Abbruchs und Verlustes, die Zeit der Leere, die Zeit der Angst, in der man langsam Halt findet, und die Zeit des Neuaufbaus. Im letzten Teil dieses Buchs, dem Navigator, beschreibe ich wichtige Überlegungen zur jeweiligen Phase und gebe Wegweiser und Fragen an die Hand, die man sich stellen sollte.

Zwei Geschichten vom Jobzweifel

Martin

Martin ist 47 und schon seit Jahren Geschäftsführer eines erfolgreichen Architekturbüros, das er selbst mit aufgebaut hat. Seine Kinder sind zwar schon groß, aber noch in der Schule. Seine Frau ist seit vielen Jahren aus dem Job raus, sie hat sich in erster Linie um die Kids gekümmert. Eigentlich liebt Martin seinen Job. Er hat mit interessanten Kunden zu tun, es geht um anspruchsvolle Bauten. Er wird geschätzt, und seine Kollegen mögen ihn. Aber irgendwie ist auch alles etwas schal geworden. Die Aufgaben und Ereignisse eines Arbeitsjahres ähneln sich letztlich. «Es ist viel los, aber nichts passiert», sagt er oft. Der Job kickt nicht mehr wirklich. «Lange halte ich das nicht mehr aus.» Martin ist professionell. Man merkt ihm seinen Zwiespalt nicht an. Und er weiß: Zum Hinschmeißen ist es zu früh, die finanzielle Fallhöhe bei einem Jobwechsel zu hoch. Die Familie braucht das Geld. Und er diesen Job. Und jetzt?

Martin hält die Augen offen, und als zwischen den Geschäftsführern die Aufgaben neu verteilt werden, greift er bewusst bei Themen zu, die für ihn Neuland sind. So hat er beides: routinierten Erfolg auf der einen Seite und neue Perspektiven und Projekte auf der anderen Seite.

Roberta

Der 44 Jahre alten Immobilienmaklerin geht es ähnlich. Sie ist seit neun Jahren ihre eigene Chefin, vermietet und verkauft Privatimmobilien in einer deutschen Großstadt. Sie kennt das Geschäft in- und auswendig. Im Prinzip läuft es gut. Aber irgendwie ödet es sie auch an. Der immer gleiche Ablauf: Wohnungsinserate für den Vermieter auf die üblichen Internetplattformen stellen, x Besichtigungen machen, dabei durch die immer ähnlichen Räume laufen und deren Vorzüge wortreich preisen, Selbstauskunft der Mieter einholen und bewerten, Mieterauswahl, Mietvertrag eintüten. Wohnungsübergabe. Die Provision kassieren. Die Wohnungen ändern sich, und doch sind alle gleich. Quo vadis?

Roberta sagt: «Aber man sägt den Ast, auf dem man sitzt, ja auch nicht einfach so ab. Zumal, wenn zwei Söhne und zwei Mitarbeiter mit darauf sitzen.»

Was tun? Roberta überprüft verschiedene berufliche Optionen für sich und erkennt, dass die Selbständigkeit im Kern für sie richtig ist: Sie schätzt die Unabhängigkeit und den Umgang mit so unterschiedlichen Menschen. Nicht zuletzt interessiert sie sich auch wirklich für Architektur und Immobilien. Die Lust, ihren Horizont zu erweitern, erfüllt sie sich schließlich über ihren Sport, Tai-Chi. Sie absolviert eine Trainerausbildung und will zukünftig eine eigene Gruppe anleiten.

Roberta und Martin sind beides Menschen, die in ihrem Bereich sehr erfolgreich sind. Ihre Aufgabe hat sie aber einfach nicht mehr mit Zufriedenheit erfüllt. Sie waren hungrig nach etwas anderem, aber wussten zuerst nicht, wie sie diesen Hunger stillen können. Früher hätte man die beiden als «im besten Alter» beschrieben. Eine Formulierung, die etwas aus der Mode gekommen ist. Zu Recht, wie ich finde und wie eine Studie eindrucksvoll belegt.

Anfang 2008 veröffentlichten die Wissenschaftler Professor Andrew Oswald von der University of Warwick und Professor David Blanchflower vom Dartmouth College in den USA eine Metastudie, die auf weltweiten Befragungen von Frauen und Männern basierte. Sie zeigt, dass das Gefühl von Glücklichsein sich im Laufe des Lebens eines Menschen U-förmig verändert. Die Menschen fangen optimistisch und glücklich an und werden im Verlauf immer unglücklicher. Der Tiefpunkt ist laut dieser Studie mit 44 Jahren erreicht. Mit Anfang 50 fangen sie an, wieder glücklicher zu werden. Mit 60 oder 70 sind sie noch glücklicher, fast vergleichbar mit einem 20-Jährigen, vorausgesetzt, die Menschen sind gesundheitlich noch in einer guten Verfassung. Das ist ein Beleg, dass Mitte 40 nicht wirklich «das beste Alter» ist.

Leider lassen die Wissenschaftler offen, wie man sich aus diesem Tiefpunkt wieder herausmanövriert. Je nach Temperament kann man also das Experiment wagen, ob das Glücksgefühl sich wieder von allein einstellt oder ob man etwas dafür tut. Ich persönlich bin nicht so der Abwarte-Typ.

Verstandesentfaltung: Eine neue Sicht auf die Lebensmitte, die gar nicht so neu ist.

Es gibt aber schon sehr lange eine ganz andere Sicht auf die Lebensmitte. Überraschend finde ich, wie wenig sie bisher Eingang in unsere Betrachtungsweise dieser Lebensphase gefunden hat.

Ein Schulterblick in die Denkwerkstatt der Anthroposophie und der Psychologie führt weiter: In der anthroposophischen Menschenkunde orientiert sich Rudolf Steiner (1861–1925) an einem Sieben-Jahres-Rhythmus der biographischen Entwicklung. Diese Lehre des Siebener-Rhythmus geht interessanterweise schon auf Lehren des griechischen Arztes Hippokrates (ca. 460–377 v. Chr.) zurück. Ob diese Einteilung nun auf das Jahr genau gerechnet richtig ist, sollten wir an dieser Stelle vernachlässigen, denn es können, so die Literatur, immer individuelle biographische Abweichungen stattfinden. Interessant finde ich Steiners Zurechnung, dass überhaupt eine nennenswerte Entwicklung des Bewusstseins und der «Verstandesentfaltung» in diesem Erwachsenenalter stattfindet. In der Tat wird dieser Siebener-Rhythmus vor allem von Pädagogen in der Lernentwicklungsdiskussion von Kindern genutzt. Die Siebener-Schritte der späteren Lebensphasen finden weit weniger Beachtung.

Auf die ersten fünf Jahrsiebte (also von Geburt bis zum 35. Lebensjahr) gehe ich hier nicht ein, sondern fokussiere mich auf die beiden relevanten Jahrsiebte der Lebensmitte. Das sechste Jahrsiebt findet ungefähr zwischen dem 35. und 42. Lebensjahr statt.

Es ist laut Steiner die Zeit der Krisen, da der eigene Beitrag zur Welt in Frage gestellt wird: Was kann ich aus eigenen Kräften tun? Was ist meine Lebensaufgabe? Worin sehe ich den Sinn? Wo stehe ich mit meinen Gaben und Fähigkeiten im Leben? Wohin gehe ich? Will ich wirklich weiterhin Immobilienmaklerin sein? Reicht mir das?

Der Zweifel an den eigenen beruflichen, sozialen und persönlichen Fähigkeiten fällt laut Steiner in dieses Jahrsiebt. Es steht auf einmal vieles zur Disposition, was bisher Sicherheit gegeben hat. Man hat – so die Überlegung – bereits seine eigenen Grenzen kennengelernt oder hat sie zum Beispiel im Beruf vom Vorgesetzten oder von Kollegen aufgezeigt bekommen, privat vom Partner oder von Freunden. Diese haben die Schwächen, die man hat, erkannt und im Zweifel bereits durch Kritik geäußert.

Eine Geschichte von zu viel des Guten

Tom ist Sozialarbeiter mit Leib und Seele. Er arbeitet mit Herzblut an innovativen Ideen in einer Beratungsstelle für Jugendliche in einem Brennpunkt-Stadtteil. Er konzipiert beeindruckende Projekte mit den Jugendlichen, vernetzt Menschen des Stadtteils, wird um Hilfe für andere Initiativen gebeten und bringt Dinge wirklich voran. Er ist sehr bekannt und eine richtige Lokalgröße geworden. Das erzeugt zwar Reibung, hilft aber auch, Dinge durchzusetzen. Leider verzettelt er sich immer wieder in der Flut seiner Ideen und Anstöße, die er gibt und bekommt. In der Folge überfrachtet und überfordert er sich, sein Team und seine Familie, die seine Anwesenheit und Aufmerksamkeit zu Hause einfordert. Mitarbeiter beklagen sich häufig, seine Frau bittet ihn fast wöchentlich zu Krisengesprächen. Tom weiß selbst nicht, wie er es lösen soll. Er gibt doch sein Bestes.

Dass Erfolg gleichzeitig Misserfolg und Reibung bedeuten kann, hat er nicht erwartet. Klar ist aber auch: So wie er es anpackt, kann es nicht weitergehen.

Tom kann nicht so tun, als würden ihn nur die anderen begrenzen und seien schuld an dem, was anders läuft als erwartet (siehe Irrtum 2: «Du musst dir nur Mühe geben»). Das ist eine Erkenntnis, die irritierend ist und innere und äußere Kämpfe auslösen kann. Denn das Sich-in-Frage-Stellen kann ja durchaus auch etwas Bedrohliches haben: Das Erreichte reicht (mir) nicht, passt so nicht, funktioniert so nicht für mich oder meine Familie. Wer will oder mag diese Erkenntnis schon?

Die besten Jahre hat man sich anders vorgestellt. Das ist unangenehm, besonders solange man noch keine Antworten und Handlungsalternativen zu dieser Erkenntnis für sich entwickelt hat.

Bei Tom hat das Dilemma, dass zu viel des Guten auch schlecht für das Mitarbeiter-Team und die Familie sein kann, einen Lernprozess ausgelöst: Er schafft es jetzt, besser abzuwägen und bewusst zu entscheiden, für welche guten Dinge sich ein Einsatz wirklich lohnt. Auch das ist typisch für die Lebensmitte: zu lernen, dass Auswahl und Beschränkung statt Grenzenlosigkeit und Übermaß sehr häufig zu mehr Glück und Zufriedenheit führen.

Angekommen – und wie geht es jetzt bitte weiter?

Diese Frage stellt sich jedem in der Lebensmitte. Wir entscheiden selbst, was wir daraus machen. Es gibt verschiedene Handlungsmöglichkeiten, darunter auch vier Irrwege, die jeder vermutlich auch in seinem Bekanntenkreis beobachten kann.

Irrweg 1: Ignorieren

Man ignoriert die eigenen Zweifel und überdeckt sie mit Arbeitseifer, der ja auch Erfolg und soziale Anerkennung bringt. Man ertränkt den

Zweifel mit Alkohol, Partys und Feiern oder mit exzessivem Fernsehen, Social-Media- und Smartphone-Nutzung. Man lenkt sich ab, sucht sich neue Interessen, ein Motorrad, eine neue Freundin, frönt der nächsten Fitness- oder Ernährungswelle, trainiert für den ersten Marathon, Triathlon oder das Radrennen, oder man ergibt sich ausgedehnten Shoppingtouren, dekoriert das Heim hingebungsvoll um, sucht den Tapetenwechsel durch Wochenend-Ausflüge nach Mallorca oder in die nächste Stadt. Eine Weile hilft das. Man könnte es auch als unbewusste oder hilflose Flucht vor der inneren Krise in rastlose, äußere Aktivität bezeichnen.

Natürlich ist an neuen Hobbys oder einem Tapetenwechsel gar nichts auszusetzen, beides kann positive Impulse setzen, um auf neue Gedanken zu kommen. Ein absolvierter Marathonlauf mag ein Beweis für eine beachtliche Zielstrebigkeit, Durchhaltevermögen und erstaunliche Fitness sein, ist aber kein Weg, um innere Zweifel der Lebensmitte aufzulösen.

Irrweg 2: Mehr vom selben

Viel hilft viel statt Aufgeschlossenheit für das Neue: noch mehr Arbeit für die noch bessere Position, den nächsten Bonus, das noch größere Auto, die noch größere Wohnung oder noch ein Ferienhaus dazu. Noch ein Kind. Die Urlaubsreise wird noch spektakulärer ausgerichtet. Der Freundeskreis noch größer, der Partner attraktiver, das Buffet noch üppiger, vom Sekt wechselt man zum Crémant, dann zum Champagner und so weiter. Das Ganze inszeniert auf Einladungen, Facebook, Instagram & Co. Wäre doch gelacht, wenn man das schöne, genussvolle Leben nicht hinkriegen würde! Her mit den besten Jahren des Lebens. Champagner!

Man versucht die eigene Unsicherheit um den Platz im Leben zu tarnen. Man wird übertrieben frei von Zweifeln. Zweifel zuzulassen muss ja nicht gleich der Sturz in tiefe Verzweiflung bedeuten. Stattdessen lassen die Betroffenen einfach keine Zweifel zu, nicht mal im Ansatz. Die Ich-habe-ja-Erfahrung- und Ich-habe-den-Bogen-raus-Typen kennt jeder. Das sind die Welterklärer, die man auf Meetings und Konferenzen trifft und die ungefragt ihre Sicht der Dinge über geduldige Zuhörer ausschütten. Statt Zweifel zuzulassen, greifen sie in ihrer Unangreifbarkeit gerne nach einflussreichen Positionen und tarnen sich mit dem noch größeren Wirkungsradius und dem Vor-gesetzt-Sein. Wer, der über viele Mitarbeiter im Organigramm herrscht, darf schon Zweifel an sich haben?

(Nur damit wir uns richtig verstehen, nicht jeder, der im Organigramm oben steht, ist ein getarnter Zweifler. Es gibt viele reflektierte, geklärte Menschen an der Spitze, die mit Zweifeln sehr gut umgehen können. Gott sei Dank.)

Oder – ganz anders – ein Ausweg: der Vorwärtsgang.

Man lässt das Neue zu und sucht die Seelenweisheit, wie es die Anthroposophen nennen. Inmitten der Rushhour des Lebens lässt man den inneren Aufstand zu und hört hin, was die eigene Seele zu erzählen hat. Was widerstrebt mir? Was möchte ich nicht mehr erleben, machen und fühlen müssen? Was ist inzwischen wirklich wichtig geworden? Wo, für welche Aufgabe, braucht es gerade mich? Was ist mein Geschenk an die Welt? Was will ich nicht mehr? Wage ich es, von dem Ast, auf dem ich sitze, runterzuklettern? Was kann und will ich ab jetzt neu zulassen, ausprobieren und wagen? Auf welchem Ast will ich zukünftig sitzen? Wo will ich mich einmischen? Wo will und kann ich wirksam sein? Diese Fragen führen Stück für Stück zu einer eigenen, neuen inneren Wahrheit, die uns auf dem weiteren Weg Orientierung gibt.

Viele Menschen, die ich treffe und spreche, überdenken in der Lebensmitte ihr bisheriges Tun. Sie interessieren sich jetzt für neue Themen, neue Inhalte, beispielsweise für das Tun von Non-Profit-Organisationen. Sie gründen eine Initiative zu einem Thema, das sie interessiert, engagieren sich punktuell, tatkräftig oder finanziell in ihrer Stadt, ihrer Gemeinde oder der Schule ihrer Kinder. Sie sammeln Gelder für einen guten Zweck. Sie werden Fußballtrainer für Kinder. Sie übernehmen Patenschaften und Ehrenämter, werden Mentoren in ihrer Firma oder Ausbilder für die Jungen. Sie tun dies punktuell oder über lange Zeit hinweg neben ihrem Beruf, in Teilzeit, oder sie satteln komplett um. Sie begreifen sich immer mehr als Bürger in der Gesellschaft, die sie mitprägen wollen.

Das ist kein Zufall. Diese Menschen sind der bisherigen, scheinbaren Sinnlosigkeit oder Sinnschwäche ihrer (beruflichen) Inhalte und Handlungen müde und suchen nach Alternativen, sich mit der Welt in Verbindung zu bringen. Sie wollen aus der Blase der eigenen Egozentrik raus und sich einbringen. Sie erinnern sich häufig an die Ideale und Werte der Teenagerjahre zwischen dem 14. und 21. Lebensjahr und knüpfen, wenn auch in verwandelter Form, daran an. Das Neue, Gute und Befriedigende daran: Jetzt können sie mit gewonnener Lebenserfahrung im Rücken viel wirksamer sein als damals.

Sie fangen an, sich Zeit für Besinnung auf sich selbst zu nehmen. Sie praktizieren Tai Chi, Meditation oder Gebet, Yoga. Sie beginnen, sich auf eine innere Reise zu begeben und Antworten zu finden. Gut so! (Siehe Navigator, Wegweiser #21: «Die eigene Seele zu Besuch bitten und ihr zuhören»)

Das siebte Jahrsiebt findet nach Steiners Lehre im Anschluss zwischen dem 42. und 49. Lebensjahr statt. In diesem Jahrsiebt profitiert man – so die Lehre – schon von der Auseinandersetzung mit dem eigenen Beitrag in der Welt und übt sich in der Anwendung der Erkenntnisse geistiger und spiritueller Zusammenhänge und der eigenen Fähigkeiten. Das siebte Jahrsiebt birgt also die Chance, sich sinnvoll außerhalb der eigenen direkten Sphäre einzubringen.

Es ist die Zeit der ersten Seelenweisheit. Die Menschen sehen klarer zurück als je zuvor, sie stoßen aber auch an Grenzen. Sie gewinnen Weitblick, versuchen, die Welt da draußen immer besser zu verstehen. Was passiert gerade in unserer Gesellschaft? Wie wachsen unsere Kinder auf? Wie funktioniert das Unternehmen, in dem ich arbeite? Die Menschen versuchen, Muster und Gesetzmäßigkeiten zu erkennen, und erschließen sich dabei neue innere Kraftquellen wie zum Beispiel Geduld, resignative Reife, geistige Großzügigkeit, Frustrationstoleranz, Stehvermögen oder Gelassenheit.

Es gilt, zum Wesentlichen vorzustoßen, es durch das Getöse des Alltags hindurch zu hören.

Das klingt gut, birgt aber auch eine Gefahr. Genau diese neugewonnenen Fähigkeiten können gleichzeitig, wenn es schlecht läuft, dazu verführen, jetzt andere mit der eigenen Weisheit beglücken und belehren zu wollen. Auch diesen Typus trifft man gerne auf einer Party oder dem Elternabend an. Wie sagte Martin Walser einmal? «Nichts ist wahr ohne sein Gegenteil.» Das heißt, die Wahrheit des einen in der Lebensmitte muss nicht die Wahrheit des anderen sein. Zu unterschiedlich sind unsere Erfahrungen, Fähigkeiten, Wünsche und Sehnsüchte. Und das ist gut so.

Alterungsprozesse

Viele erleben die Phase der Lebensmitte als erste Stufe der Alterung und Einengung der (körperlichen) Möglichkeiten statt als die besten

Jahre ihres Lebens. Dies wird besonders dann so empfunden, wenn man sich auf die Alterungsprozesse des Körpers konzentriert und kein neues Denken, neue Erkenntnisse und eine geistige Erneuerung dagegensetzen kann.

Dann kann die nachwachsende, junge Generation, zum Beispiel im Beruf, durchaus auch als Bedrohung statt als Bereicherung oder interessantes Gegenüber empfunden werden. Schade.

Die Einseitigkeit der Beurteilung des Alterungsprozesses fällt mir in der einseitigen Beleuchtung der Lebensmitte auf: Da wird die Erschlaffung der Haut thematisiert, die lichter werdenden Haare, der graue Haarschopf, der Kampf um die Pfunde oder die anhaltende Müdigkeit nach einer durchfeierten Nacht. Bücher, Zeitschriften-Kolumnen und Filme, die sich der Lebensmitte widmen, sind voll davon. Natürlich beeinflusst auch unser Körper, das Gefühl für ihn und die sichtbaren Veränderungen unser Lebensgefühl, keine Frage. Und ja, natürlich müssen wir uns um unseren Körper kümmern, ihn pflegen und hüten, mehr als jemals zuvor. Wenn Gesundheit, körperliche Leistungsfähigkeit und Attraktivität vorher selbstverständlich waren, sind sie es spätestens jetzt nicht mehr. Weder bei Männern noch bei Frauen.

In der Tat: Auf diese enge Weise betrachtet und wenn man die Jugend als Ideal hochstilisiert, sind die Jahre der Lebensmitte vielleicht nicht die besten Jahre unseres Lebens. Doch der Abschied vom Jungsein muss nicht gleichbedeutend mit Stagnation und Abbau sein. Wir sollten vielmehr die Gelassenheit, die wachsende Reifung, die vertieften Erkenntnisse und das Ankommen bei uns selbst notieren, feiern und willkommen heißen.

«Es ist gut, wenn uns die Zeit, die verrinnt, nicht als etwas erscheint, das uns verbraucht und zerstört […], sondern als etwas, das uns vollendet» (Antoine de Saint-Exupéry, aus: *Die Stadt in der Wüste*, 1956).

Augen auf! Nicht verpassen!

Wir bewundern alte, große und prachtvolle Bäume. Wir spüren ihre Kraft, ihre Verwurzelung, ahnen den geschichtlichen Atem, den sie ausstrahlen. Für uns selbst aber scheinen wir diesen Weg des langsamen Wachstums, der wachsenden Jahresringe, die sich anlagern, nicht akzeptieren zu wollen.

Wir sehen nicht, dass diese Zeit der Lebensmitte tatsächlich die beste ist, um ein prachtvoller Baum zu werden, der Früchte trägt, Schatten und Schutz für andere spenden kann. Wir sind auf andere beste Jahre fixiert und warten vergeblich, dass sie kommen.

Wenn wir dies aber zulassen, verpassen wir die besten Jahre unseres Lebens, um einen großen Entwicklungs- und Wachstumsschub zu durchleben, denn sie kommen anders, in einem anderen Gewand als erwartet: Augen auf und zugreifen!

Irrtum: Das sind die besten Jahre deines Lebens.

Korrektur: Das sind die besten Jahre deines Lebens, um zu dem zu werden, wer du sein kannst.

IRRTUM 4:
DU ERNTEST
DIE FRÜCHTE
DEINER ARBEIT

Da ist also der Kollege, der mit uns angefangen hat und schon vor zwei Jahren Geschäftsführer geworden ist – während unsere Karriere im Mittelfeld steckenbleibt. Da ist das Eigenheim, das trotz respektablem Einkommen nicht finanzierbar ist. Oder der geplatzte Lebenstraum von der finanziellen Unabhängigkeit.

In der Lebensmitte stellen wir fest, dass viele der Früchte, für die wir arbeiten und die wir ernten wollten, höher hängen, als wir glaubten. Wir bemerken, dass wir trotz aller Anstrengung nicht zwangsläufig eine dicke Ernte einfahren.

Es gibt innere oder äußere Zwänge, die uns nötigen, Dinge anders zu tun als geplant. Möglicherweise müssen wir auch ganz neu über bestimmte Themen (nach)denken. Eine zuerst bittere Erkenntnis, die uns scheinbar mit leeren Händen dastehen lässt. Statt aber weiter ins Leere zu greifen, gilt es zu erforschen, was jetzt wichtig geworden ist, welcher Baum mit welchen Früchten für uns ertragreicher ist, um die freien Hände dafür zu nutzen.

Es gibt zwei Ausprägungen, wie dieser Irrtum erlebt wird: Entweder schmecken die Früchte am Ende nicht wie erhofft oder versprochen, oder man erntet sie erst gar nicht, obwohl man sich so darum bemüht hat.

80 Prozent der Angestellten eines Unternehmens sind eben nicht Top-Führungskräfte, sondern im mittleren Management. Diese Tatsache ist per se nicht schlecht. Aber eine erhebliche Anzahl dieser Personen hat sich extrem engagiert, um weiterzukommen, und erkennt nun, dass dies schlicht und ergreifend aufgrund der geringeren Anzahl von Positionen in gehobener Stellung nicht geht. Daher werden nur begrenzt viele die Früchte ihrer Arbeit ernten, die sie sich zum Beginn ihrer Karriere gewünscht und vorgestellt haben.

Viele berufliche Lebensläufe stagnieren in der Lebensmitte. Die beruflich interessanten Angebote bekommen nicht zwingend die, die schon lange dafür arbeiten, sondern andere, darunter auch jüngere Kollegen (siehe Irrtum 8: «Deine Firma meint es gut mit dir»).

Wir investieren in eine gute Ausbildung und starten als junge Berufstätige im Job durch – auch weil wir wollen, dass es uns und unseren Familien materiell gutgeht. Wir wollen uns etwas Schönes leisten können. Nicht zuletzt, weil wir so hart arbeiten. Aber wir merken schnell, die Bäume wachsen nicht in den Himmel, auch nicht nach 15 oder 20 Jahren Berufserfahrung und mehreren beruflichen Stationen.

Zwei Geschichten von Früchten, die zu hoch hängen

Sarah

Sarah ist 46 Jahre alt und merkt an der Urlaubsplanung: Sie hat sich eigentlich ein gutes Einkommen erarbeitet, und früher dachte sie, dass sie dann wirklich tolle Reisen machen würde – unbeschwert, großzügig. Es reicht aber trotzdem nicht. De facto kann sie bei ihrem Gehalt nur relativ kleine Sprünge machen: 3-Sterne-Hotels, Pensionen, oder ihre Familie und sie mieten eine günstige Ferienwohnung – da hat sie aber wieder die ganze Arbeit von zu Hause am Hals. Sie fahren mit dem Auto in den Urlaub und fliegen nicht. Das hat sie sich mal anders vorgestellt. Aber mehr geht einfach nicht.

Matthias

Der 43-Jährige und seine Frau wollten immer gerne eine Eigentums-wohnung kaufen. Das war ihr Traum, die vier eigenen Wände zu besitzen und nach eigenen Wünschen gestalten zu können. Die Immobiliensuche gestaltet sich hingegen sehr ernüchternd. Das Geld, das sie sich als Eigenkapital erarbeitet haben, reicht hinten und vorne nicht, um die Wohnwünsche zu erfüllen, die sie sich vorgestellt hatten. Schlussendlich finden sie eine Wohnung, leben jetzt aber nicht in den schönen Stadtteilen von Hamburg, wo sie gerne gewohnt hätten, sondern außerhalb. Matthias hätte nicht gedacht, dass die Früchte seiner Arbeit im Vergleich zu seinen Plänen so klein ausfallen.

So wie Sarah und Matthias hat auch Franziska aus der folgenden Geschichte vieles anders erwartet und sich vorgestellt. Sie erntet zwar die Früchte ihres Engagements und ihrer Arbeit, aber sie schmecken nicht so süß wie erhofft.

Eine Geschichte von bitteren Früchten

Franziska, eine ziemlich attraktive, sehr schlaue Managerin, 44 Jahre alt, hatte jahrelang hart gearbeitet, einen – wie sagt man – tollen, erfolgreichen Mann geheiratet, die beiden haben zwei Töchter bekommen. Alles bilderbuchmäßig, sollte man meinen. Sie beschrieb mir ihre Erkenntnis, die sich langsam in der Lebensmitte bei ihr einstellte, so: «Die Früchte, die ich in Händen hielt, stellten sich als ziemlich faul und vergoren heraus. Okay, vielleicht ist das übertrieben, aber zumindest schmeckten sie oder der Erfolg nicht so süß, wie ich erhofft hatte: ein Erfolgsmann als Ehemann, der nie da ist. Ein Konzernjob, der mich an so vielen Stellen im Alltag einengte. Nachdem ich schon so viel geschafft hatte, stellte ich fest: Ich brauche ein anderes Leben. Mit anderen Früchten. Ich brauche ganz andere Rahmenbedingungen für mein Glück. Ich brauche eine Nahtlosigkeit zwischen den Lebensbereichen – die Integration von Familie, den Mädchen, meinem Job, meinen eigenen Themen und Projekten und meinen Freunden. Mein Konzernjob war im wahrsten Sinne des Wortes ausgelebt und passte nicht mehr zu mir. Mein Mann war auch nicht (mehr) der richtige Partner

für das, was ich mir von einer guten Partnerschaft erhoffte. Ich konn-
te das gängige neokonservative Beziehungskonzept, das sich durch
die Elternzeit schleichend eingestellt hatte, nicht mittragen. Diese
Beziehung hat mich erstickt. Die klassische Rollenverteilung: Ich war
unausgesprochen zuständig für unsere Töchter und für zu Hause, ob-
wohl ich auch einen anspruchsvollen Job hatte. Er war ein klassischer
Geschäftsmann, der sich ausschließlich um seine Karriere kümmerte.
Das passt nicht mehr zu mir, ebenso wie der Konzern. Ich arbeite gern
für ein schönes Leben, auch materiell gesehen, keine Frage. Aber ir-
gendwann reicht es auch, der Grenznutzen von Geld ist dann erreicht
und macht nicht mehr glücklicher. Es muss für mich nicht immer mehr
sein. Ich wollte statt noch mehr Engagement und Zeit im Job mehr
Unabhängigkeit und mehr Autonomie, mehr Zeit für uns.»

In der Lebensmitte merken wir verwundert: Projekte und Ziele gelten
nicht für immer. Die Einschätzung, was wichtig ist oder erstrebens-
wert oder machbar, ändert sich, wenn man in der Zukunft ankommt,
die man sich vor 10 oder 20 Jahren vorgestellt und in Angriff genommen hat.

Allen Beispielen ist der folgende Gedanke gemeinsam: «Es ist gar
nicht so, wie ich dachte.» Oder: «Ich will dieses Ziel oder Ergebnis gar
nicht mehr so dringend oder nicht zu diesem Preis.» Das ist eine interessante, manchmal seltsame Erkenntnis – aber immer überraschend.

Wir bemerken, wie relativ oder unerreichbar sie sind, die Früchte
unserer Arbeit und unseres Tuns. Wir stellen fest, welchen Preis sie
haben: zum Beispiel Anstrengung, Verzicht oder Verlust von Zeit, Autonomie, Freiheit. Wir stellen sie in Frage oder hinterfragen, wie glücklich und zufrieden sie uns in der Realität der Lebensmitte machen.

Diese Erfahrungen im Kleinen oder im Großen werfen uns auf die
Fragen zurück, was uns ausmacht, was uns zufrieden macht, wer wir
sind und was wir als Person, als Mensch wollen. Woran messen wir, ob

wir bestanden haben in dieser Welt? An diesen materiellen, greifbaren Früchten unserer Arbeit?

Zum einen gilt es zu akzeptieren, was die wirtschaftlichen Rahmenbedingungen uns materiell ermöglichen. Auszukommen mit dem, was möglich ist, uns anzupassen an das Gegebene. Das können die Immobilienpreise der Großstadt sein, die Position im Mittelfeld der Organisation oder das kleinere Urlaubsbudget. Der Reality-Check ist in der Tat oftmals ernüchternd. Er öffnet aber gleichzeitig die Augen für das, was ist. Dies gilt es zu akzeptieren, um sich nicht immer wieder an diesen Punkten aufzureiben.

Richtig interessant wird es jedoch erst jetzt: Wichtiger noch als die Anerkennung der Machbarkeitsgrenzen ist die Frage, was der Reality-Check und die Wahrnehmung und Anerkennung der Zwänge der Lebensmitte danach in uns auslösen. Gehen wir zur Tagesordnung über oder hören wir (auf) die neuen Fragen, die sich stellen?

Sind die Früchte, nach denen wir jetzt greifen sollten, ganz andere als die Früchte, die die Welt im Außen uns anbietet – Geld, Status, eine große Wohnung, der aufwendige Urlaub? Geht es jetzt vielmehr um eine essenziellere Entwicklung? Um die Entwicklung und Entfaltung unserer eigenen Person im Inneren, unserer Persönlichkeit?

Die Frucht der Lebensmitte: ein Entwicklungsschub der eigenen Persönlichkeit

Der Psychoanalytiker C. G. Jung hat sinngemäß über die Entwicklung der Persönlichkeit gesagt, dass eine Persönlichkeit zu sein höchster Lebensmut ist: Man bejaht absolut die eigene Individualität und das eigene Sosein. Gleichzeitig ist man in der Lage, sich an das Gegebene anzupassen, indem man sich freiwillig immer wieder selbst dafür entscheidet. Wortwörtlich: «Persönlichkeit ist die höchste Verwirkli-

chung der eingeborenen Eigenart des besonderen lebenden Wesens.»
Jung sagt, wir zeigen erst durch unsere Tat, wer wir sind. Auch deshalb
nehmen wir die Früchte unserer Arbeit so wichtig. Wir spiegeln uns
darin als Persönlichkeit wider. Wir sehen aber auch, dass wir Grenzen
haben, dass es ein «So bin ich, und das kann ich» gibt. Wir erleben,
dass wir uns eben nicht gänzlich neu erfinden können, wie es so oft
propagiert wird.

Die Persönlichkeit als eine vollkommene Verwirklichung der Ganzheit unseres Wesens ist natürlich ein unerreichbares Ideal. Diese Uner-
reichbarkeit ist aber kein Grund, das Ideal fallenzulassen. Ideale sind
keine Ziele, sondern können nur als Wegweiser dienen.

Die Frucht der Lebensmitte könnte also die weitere Entwicklung der
eigenen Persönlichkeit sein. Damit ist übrigens nicht äußerer Individualismus gemeint. Das unterscheidet Jung sehr stark, und jeder von
uns kann es nachvollziehen. Wenn Individualismus als Pose daher-
kommt – man denke nur an die Hipster-Verkleidungen dieser Tage –,
dann spüren wir sofort, wie hohl das ist und wenig tragfähig in Krisen-
fällen. Dies ist nicht mit Persönlichkeit gemeint.

Wie entwickelt sich also Persönlichkeit? Laut Jung niemals, weil es
als nützlich erkannt ist oder weil es einem jemand rät. Die unbequeme
These von Jung: Sie entwickelt sich aus Not. Das ist die unangenehme
Nachricht. Aber auch ein Trost. Persönlichkeit entwickelt sich aus direkt wirkendem Zwang. Ohne Not – so Jung – entwickelt sich nichts,
am wenigsten die menschliche Persönlichkeit. Die menschliche Persönlichkeit ist konservativ, resistent, untätig, unbeteiligt, träge gegenüber Veränderungen. Nur die schärfste Not vermag sie aufzuschrecken
und die Persönlichkeit in Bewegung zu versetzen. Nur der Zwang des
inneren oder äußeren Schicksals kann motivieren, die Persönlichkeit
zu bewegen. Alles andere ist laut Jung Individualismus.

Diese Gedanken sind seltsam zeitlos. Sie wurden bereits Anfang der
dreißiger Jahre aufgeschrieben.

Was lernen wir daraus? Die Lebensmitte und die damit verbundenen Zwänge fordern einen Entwicklungsschritt unserer Persönlichkeit heraus. Das könnte die echte Frucht unserer Arbeit sein.

Für Franziska beispielsweise stellte sich beruflich die Frage, wie es mit ihr und dem Konzernjob weitergehen sollte. Einfach kündigen? Die latente Idee der Selbständigkeit ernsthaft angehen? Bei Freunden in das Unternehmen mit einsteigen? Oder einen Angestelltenjob in einem kleineren Unternehmen suchen, das schnellere Entscheidungswege und vielleicht auch mehr Entscheidungsspielräume bietet?

Auch im privaten Bereich hat Franziska sich Gedanken gemacht, welche Optionen es für sie gibt: Sollte sie das konservative Ehemodell lieber verlassen und sich trennen? Oder mit ihrem Mann die Familienarbeit verhandeln – überhaupt beginnen, mit ihm bewusst darüber zu sprechen, wie sehr sie die eingeschlichene Rollenteilung nervt.

Es geht darum, jetzt den eigenen weiteren Weg zu finden. Uns bewusst zu werden, wie dieser aussehen soll. Aus der Unbestimmtheit in die Bestimmtheit zu gehen. Aus den Optionen, die wir sehen und entwickeln, auszuwählen. Uns für diesen Weg bewusst zu entscheiden und ihn einzuschlagen. Nicht mehr und nicht weniger. Bis zur Lebensmitte haben wir uns – mehrheitlich und eher unbewusst – an der Konvention orientiert. Auch deshalb kann es sein, dass uns die Früchte, die wir in den Händen halten, so fremd und manchmal unbedeutend vorkommen. Es sind nicht wirklich unsere Früchte, sondern die der Konvention.

Übrigens: Ich verurteile diesen Zustand und diese Situation gar nicht. Die Konvention und das bisherige Leben haben uns in der Regel bereits weit gebracht. Wir schöpfen jetzt aus unseren Erfahrungen, Ressourcen, Netzwerken, Kontakten und Fähigkeiten und können sie als Bausteine für den weiteren Weg nutzen. Wir dürfen dankbar sein für das, was bisher war. Es geht nicht um Ablehnung und Abwertung dessen, was bisher war. Es gilt aber, den Weg jetzt zu überdenken und vielleicht zu neuen Bewertungen zu kommen. Diese innere Auseinandersetzung mit uns selbst führt oftmals zu einem Entwicklungsschub der eigenen Persönlichkeit.

Es gilt, das Urteil der anderen jetzt in der Lebensmitte abzustreifen und zu entscheiden, welcher Weg nun der unsrige sein soll. Jung spricht sogar von der Suche nach der eigenen Bestimmung. Die Erklärung liegt schon im Wort. Wohin, sagt also die innere Stimme, soll die Reise jetzt gehen?

Diese Stimme ist gar nicht so einfach zu hören. Zu laut ist das Getöse der Vielstimmigkeit im Außen. Zu mächtig die Vorgaben, Wünsche und Konventionen der anderen, der «Herde», wie Jung sie etwas unfreundlich tituliert. Die Herde, unsere Freunde, Familien, unser Partner, die Kollegen oder sogar die Gesellschaft, kann uns keine Antworten auf unsere Fragen geben. Was sie reproduzieren und wiederkäuen – um im Bild zu bleiben –, ist in der Regel bekannte Konvention. Sie geben uns keinen Hinweis auf unsere Bestimmung. Sie können auch gar nicht anders. Wir erwarten es zwar oft (siehe Irrtum 9: «Wir sind für dich da»), werden aber in diesem Punkt mit Ansage enttäuscht oder zumindest relativ schlecht bedient werden.

Alleinsein – das bewusste Sichabsondern – ist ein wirksamer Weg, um die eigene Stimme wieder zu hören (siehe Navigator, Wegweiser #14: «Vom Nutzen des Alleinseins» und Wegweiser #15: «Alleine sein, ohne sich einsam zu fühlen»). Die Entwicklung der Persönlichkeit ist ein solches Glück. Sie hat aber auch ihren Preis. Dieser wiederum macht es unattraktiv, und es erscheint teuer, diesen Weg einzuschlagen. Ihn nicht zu gehen – so meine Sichtweise – ist noch teurer, denn es kostet ein zufriedenes Leben in der zweiten Lebenshälfte.

Es braucht Vertrauen in den eigenen Weg, Geduld für die Dauer des Entwicklungsprozesses, ein loyales Ausharren und vertrauensvolle Hoffnung in sich selbst, dass man sich diesen Weg bahnen kann. Wir werden uns nur bewegen, wenn der Leidensdruck hoch ist.

Ich treffe häufig auf Menschen, die Ideen haben und sie mehr oder weniger leidlich anfangen, so nach dem Motto: «Man müsste mal, man sollte mal.» Das können zum Beispiel Menschen sein, die die Vision vom eigenen Restaurant oder eigenen Start-up haben und erste Ideen ersinnen. Das können aber auch Eltern sein, die wegen der Kindererziehung beruflich für einige Jahre zurückgetreten sind und deren berufliche Entwicklung stagniert. Sie bemerken das und möchten es, sobald die Kinder aus dem Gröbsten raus sind, gerne ändern. Sie haben erste Ideen und Wünsche an neue Rahmenbedingungen und Inhalte der Arbeit.

All diese Ideen zu verwirklichen kostet auf jeden Fall Kraft und Zeit. Ein paar Hürden würden sicherlich im Weg stehen. Doch häufig treiben die Betroffenen ihre Idee einfach nicht voran, sondern lassen sie im Sande verlaufen. Der Plan für das eigene Restaurant bleibt ein Plan, das eigene Start-up erblickt niemals wirklich das Licht der Welt. Was hält diese Menschen also auf? Es ist der fehlende Leidensdruck, der sie in der Position, in der sie sich gerade befinden, verharren lässt.

In meiner Beratungspraxis erlebe ich aber auch sehr häufig das genaue Gegenteil: Menschen, die tatsächlich einen enormen Leidensdruck verspüren. Sie sind erschöpft, schlafen schlecht, sind über Wochen und Monate erschlagen von den Rahmenbedingungen, in denen sie leben und arbeiten. Irgendwann reift die Einsicht, dass dies kein vorübergehendes Phänomen ist und einen der Urlaub nur für kurze Zeit wiederaufbauen kann. Der Druck drängt auf Lösung. Und das ist gut so. Es ist genau dann an der Zeit, sich loszumachen und mit der Suche anzufangen. Es ist ein Weg abseits der breiten Straße – für viele ein Wagnis, von dem sie noch nicht wissen, ob sie es gut finden sollen. Erst mal begonnen, fallen die Schritte leichter. Sie entwickeln Freude am Weg und fühlen wieder Luft unter den eigenen Flügeln.

Das Konzept der Individuation

Dass Menschen in der Lebensmitte anfangen, sich noch mal neu mit sich zu beschäftigen, kann vermutlich jeder, der dieses Buch in Händen hält, persönlich nachvollziehen. Der Psychoanalytiker C. G. Jung gebraucht für diesen Prozess den Begriff «Individuation», der beschreibt, dass dies ein Teil der normalen Persönlichkeitsentwicklung eines Erwachsenen ist und kein irregulärer Ausnahmezustand, in dem sich Betroffene in der Regel aber fühlen.

Persönlichkeitsentwicklung des Erwachsenen? Das klingt erst mal komisch und fremd: Wir gehen ja in der öffentlichen Wahrnehmung davon aus, dass wir alle erwachsen sind. Erwachsen ist gleichbedeutend mit ausgereift und fertig. Sehr selten erlebe ich Erwachsene im Gespräch, die sich gegenseitig fragen: «Wie hast du dich in den letzten fünf Jahren persönlich entwickelt?» Viel öfter sind Fragen zu hören wie: «Na, immer noch den gleichen Job? Bist du noch mit x zusammen? Wohnt ihr noch im alten Haus?»

Das Jung'sche Konzept ist interessant und ermöglicht einem, die Aufgabe, die sich in der Lebensmitte stellt, noch besser zu verstehen. Es zeigt auch, dass bestimmte Themen in der Lebensmitte einfach dran sind und keine besondere Krise darstellen. Wenn wir dies realisieren, hilft es uns, die Umbrüche und Fragen, mit denen wir konfrontiert sind, weit weniger dramatisch zu sehen, sondern als das, was sie sind: eine Herausforderung, um an ihnen weiter innerlich zu wachsen. Eine Ermutigung zum Aufbruch.

Die folgende Beschreibung fasst das Konzept der «Individuation» grob zusammen. Genug, um eine Idee davon zu haben, worum es geht. Wen ein noch tieferes Verständnis interessiert, kann natürlich die Originalquellen lesen.

Los geht's: Jung bezeichnet wie gesagt die menschliche Entwicklung als einen Prozess der «Individuation». Dieser Prozess findet grob gesagt in zwei Phasen statt. Die erste Phase der «Expansion» in der ersten Lebenshälfte und die Phase der «Introversion» in der zweiten Hälfte. In der Expansionsphase geht es darum, aus der Unbewusstheit eines Kindes ein eigenes Bewusstsein – ein «bewusstes Ich» – zu formen. Es ist das «Ich», das bewusst denkt, urteilt und handelt. Der Mensch sucht also in der ersten Lebenshälfte seine Position, seinen Stand in der Welt. Er entwickelt die sogenannte «Persona». Dies ist laut Jung sein Gesicht, das den Erwartungen seiner Umwelt angepasst ist. Es dient als Maske, die seine Stimmungen und Gefühle vor den Menschen schützt. Die Persona ist also das Bindeglied zwischen dem «Ich» und seiner Umwelt. Die Persona hilft, sich den Platz im Leben zu erkämpfen und sich zu behaupten.

Der Aufbau der Persona, die Konzentration auf den Ausbau bestimmter Eigenschaften, die uns helfen, uns zu behaupten, bringt es laut Jung mit sich, dass bestimmte andere Wesenszüge in uns nicht gelebt und damit ins Unbewusste verdrängt werden. Es kann moralische, erzieherische, soziale oder andere Gründe haben, warum diese Wesenszüge und Tugenden, aber auch wie wir fühlen, denken, intuieren und empfinden, vorerst keinen Platz in unserer Persona finden. Dass diese Eigenschaften erst mal im Schatten liegen, ist uns nicht bewusst. Wir sind ja auch schwer mit uns und der Welt da draußen beschäftigt. Wir gehen davon aus, dass uns ausschließlich das «bewusste Ich» ausmacht. Die anderen Seiten kennen wir ja auch gar nicht. Und: Dieser Umstand schadet uns in der ersten Lebenshälfte nicht.

In der Lebensmitte wenden wir uns dann dem inneren Ursprung und dem Entdecken des ganzen «Selbst» wieder zu. Das Selbst besteht aus dem Bewussten *und* dem Unbewussten. Dieses Unbewusste muss in der Lebensmitte erst (wieder) entdeckt, gehört, verstanden und dann in das ganze «Selbst» integriert werden. Diese Vervollständigung der Persönlichkeit, der «psychischen Ganzheit des Menschen» in der zweiten Lebensmitte, wird als die Quelle für neue Lebenskraft gesehen.

Der Mensch in der Lebensmitte versteht nun langsam, dass die «Persona», die man bisher verkörperte, uns eben nur in Teilen ausmacht. Unsere Persönlichkeit – so entdecken wir – ist aber vielschichtiger. Es gilt, Wünsche, Eigenschaften, Gedanken zu entdecken, die bisher keinen Platz hatten. Diese können negativ oder auch positiv sein. Wir lassen Dinge, Eigenschaften und Themen zu, die bisher im Schatten lagen. Es gilt, diese Seiten, die bisher vernachlässigt und im Schatten lagen, zu verbinden und zu integrieren und das vollständige Selbst zu entwickeln.

Es ist also eine innere Arbeit, ein innerer Aufbruch, den wir wagen müssen in der zweiten Lebenshälfte. Diese innere Arbeit wird Früchte für die zweite Lebenshälfte tragen. Suchen wir die Frucht unserer Arbeit also nicht im Außen. Nicht im Gehalt. In der Eigentumswohnung. Nicht im teuren Urlaubsaufenthalt. Wir tragen die Früchte unserer inneren Arbeit in uns. Unsere vervollständigte Persönlichkeit ist die Frucht.

Irrtum: Du erntest die Früchte deiner Arbeit.

Korrektur: Du selbst bist die Frucht.

TEIL II: NEUE WAHR-HEITEN ANERKENNEN

Es gibt Leitsätze, die sind sehr optimistisch, sehr stark und sehr falsch. Die Lebensmitte gibt viel Gelegenheit, dies festzustellen. Doch obwohl uns das Leben etwas anderes vor Augen führt, bäumt sich etwas empört in uns auf, und wir fragen uns, warum die Dinge nicht so eintreffen wie vorgesehen.

Was dagegen hilft: resignative Reife. Es geht darum, manche Verhältnisse einfach anzuerkennen. Das bedeutet nicht, sie gutzuheißen. Es bedeutet zu akzeptieren, dass sie so sind, wie sie sind, und sich mit Reife von bestimmten Erwartungen und Vorstellungen zu lösen. Wir können nicht alles machen und bestimmen – egal, wie viel Mühe wir uns geben. Resignative Reife kann eine große Kraftquelle sein. Kraft, die dann in das Machbare und in Neues fließen kann.

Hier die Top 3 der Leitsätze, die uns in die Irre führen. Wir müssen sie aus dem Weg räumen und Platz machen für Erkenntnisse und neue Wahrheiten, die uns jetzt weiterhelfen.

Irrtum 5: Du bekommst, was du verdienst.

Irrtum 6: Deine Ehe, deine Beziehung ist dein Hafen.

Irrtum 7: Das passiert mir doch nicht.

IRRTUM 5:
DU BEKOMMST, WAS DU VERDIENST

Gerade als wir dachten, es würde uns besonders gut gehen, passieren Dinge, die uns mehr als ungerecht erscheinen. Willkommen in der Lebensmitte! Das kann etwa der Jobverlust trotz guter Leistung sein, die schwere Krankheit eines lieben Menschen, die Pleite der Firma, der frühe Tod der Eltern oder die ungewollte Kinderlosigkeit. Und wir fragen uns: Womit haben wir das eigentlich verdient?

Das Leben ist ungerecht. Das Leben ist kein Ponyhof. Im Prinzip wissen wir das natürlich. In der Lebensmitte spüren wir auf einmal, was das bedeuten kann, wenn das eigene Kalkül von verdientem Glück nicht aufgeht. Wir haben uns verrechnet, und das schmerzt. Das Leben zahlt in einer Währung aus, die wir nicht wechseln können. Die wir nicht verstehen. Die uns zuerst nichts wert erscheint. Das Leben rechnet anders ab: mit unverdientem Pech und unverdientem Glück.

Wir glauben lange, das Leben sei in vielen Dingen ein Handelsplatz, auf dem es gilt, die besten Deals smart auszuhandeln. Es ist an uns, so glauben wir, die Karten geschickt zu spielen, zu beobachten, zu pokern, zu reagieren. Es ist an uns, die Dinge im Griff und unter Kontrolle zu haben. Wir haben ein ziemlich gutes Gefühl dafür, was wir verdient haben und was nicht. Und wir meinen, auch einen Anspruch darauf zu haben.

Unsere Sprache ist voll mit Redensarten, die diese Denkweise befeuern: Früher Vogel fängt den Wurm. Dem Fleißigen gehört die Welt. Wer wagt, gewinnt. Das Leitbild «Du bekommst, was du verdienst» beinhaltet eine kausale Wirkung von Leistung und Verdienst. Deshalb bauen wir Erwartungen auf. Wir errechnen uns eine Rendite für unsere Anstrengungen und sind umso schmallippiger, wenn die Rendite kleiner als geplant ausfällt, ganz entfällt oder es zu einem Thema gar keine Währung gibt. Die Diagnose Parkinson beim Vater hat beispielsweise keinen Wechselkurs. Die Unfruchtbarkeit des Partners ist außerhalb jeder Bewertungskategorie. Der Job, der durch den Verkauf des Unternehmens weg ist, ebenso wenig. Es gibt nichts, was wir daran verdient hätten oder direkt daran ändern könnten. Und trotzdem trifft es uns, meint uns. Die Nachricht schlägt ein und fordert uns heraus. Wir lasten dem Leben unverdientes Pech schwer an. Wir sind erschrocken und sauer. Wir fühlen uns ungerecht behandelt. Wir sehen uns als Opfer des gemeinen, ungerechten Lebens.

Wir werden groß mit dem Leitbild, dass wir alles erreichen können, wenn wir nur wollen und genug dafür tun (siehe Irrtum 2: «Du musst dir nur Mühe geben» in Tateinheit mit Irrtum 4: «Du erntest die Früchte deiner Arbeit»).

Das Unverdiente kommt uns vor wie ein biographischer Unfall, und wir sind zutiefst erschüttert, dass es uns trifft. Warum haben die anderen Glück und ich Pech?

Wir sind beleidigt und hadern mit dem, was passiert. Wir beklagen uns, holen uns Rat, einen Experten oder einen Anwalt. Wir werden nicht müde darzustellen, wie ungerecht, ungut und unsozial das ist, was uns gerade widerfährt. Dies anzumahnen kostet ziemlich viel Energie. Oft sind wir umgeben von Menschen, die bereit sind, in unsere Klage einzustimmen. Die uns bestärken und bestätigen in unserem Gefühl, dass es hier mit ungerechten Dingen zugeht, dass wir das wirklich nicht verdient hätten. Dieses soziale Feuer des kollektiven Klagens wärmt uns. Vorerst. Nur irgendwann klagt keiner mehr lauthals mit uns. Die Stimmen werden leiser, und irgendwann verstummen sie. Am Ende ist es kein Chor mehr, sondern wir klagen als Solo. Hören will das dann keiner mehr. Wer nicht bekommt, was er glaubt zu verdienen, steht vor einer Wand der Enttäuschung. Wir reagieren erschrocken bis geschockt. Wir wollen nicht glauben, dass ausgerechnet wir vor dieser Wand der neuen Tatsachen stehen. Dass das eigene Kalkül vom ungestörten, verdienten Glück nicht aufgeht. Wir wollen unser Anrecht auf

Glück reklamieren, uns beklagen. Aber: Bei wem eigentlich? Es ist eine unbequeme Erkenntnis der Lebensmitte, dass es diese Beschwerdestelle nicht gibt. An wen richtet das Opfer die Klage und Anklage? Wer soll richten über Schuld und Gerechtigkeit? Es gibt niemanden. Freunde, Familie und das soziale Umfeld sind nur bedingt zuständig und meist schon zu ihrer Tagesordnung übergegangen (siehe Irrtum 9: «Wir sind für dich da»).

Drei Geschichten von unverdienten Krisen

Pieter

Nach der Enttäuschung mit seiner Exfrau kann der 44-jährige Pieter lange nicht aufbrechen und weitergehen. Er kann nicht loslassen und aufhören, darüber nachzudenken, was ihm da passiert ist: «Das hatte ich echt nicht verdient. Ich hatte so viel für unsere Beziehung und unsere kleine Familie getan. Ich bin Kompromisse für sie und meine Frau eingegangen, privat wie beruflich, und ich habe ohne Ende geschuftet für uns. Sieht denn keiner, was sie durch diese Affäre und Trennung verursacht hat?» Pieter ist schwer verletzt durch den Betrug, den Wortbruch und den wortkargen Weggang seiner Frau. Er will nicht den Harmoniemantel oder den Vergessensmantel über all das legen. «Ja, ich bin nachtragend!», sagt er. «So einfach kann man es sich doch nicht machen! Meine Freunde, die am Anfang so bestürzt waren wie ich, sind schon längst zur Tagesordnung übergegangen und erwarteten das Gleiche von mir. Ich aber stand vor den Trümmern, nicht nur denen unserer Ehe. Für mich ist ein ganzer Lebenstraum und die Perspektive einer gemeinsamen Familie zerstört worden, da kann man doch nicht sagen: ‹Keep calm and carry on.›»

Konstanze

Konstanze liebt ihren Job. Sie ist engagiert, kompetent und wird von ihren Kollegen und ihrer Chefin geschätzt. Sie übernimmt gerne tatkräftig Sonderaufgaben, die den Kollegen zu viel sind. Sie ist, obwohl sie 39 Jahre alt ist, die Jüngste im Team. Die anderen sind alle schon seit Ewigkeiten in der Firma. Und alle sind froh gewesen, als sie vor zwei Jahren eingestellt wurde. Gerade ihr junges Alter und die kurze Zugehörigkeit zum Betrieb sind es aber, die zu Stolpersteinen werden. Das Unternehmen wird umstrukturiert, und Stellen werden «betriebsbedingt», wie es so schön heißt, eingespart. Konstanze muss laut Sozialplan – da sie die jüngste Kollegin ist und erst seit zwei Jahren im Unternehmen – gehen. Verdient hat sie das nicht. Da sind sich alle einig.

Konstanze ist erstarrt. Sie hat nicht nur den Job trotz hervorragender Leistung verloren. Sie hatte auch gerade vorgehabt, sich ihren Kinderwunsch zu erfüllen. Sie wollte gerne aus der Sicherheit eines guten Jobs heraus schwanger werden, um dann nach der Geburt des Kindes zügig zurück in den Job zu gehen, der ihr so viel Spaß bringt, wo man sie schätzt, das Gehalt fair ist und sie sich ein gutes Standing aufgebaut hat. Mit 39 Jahren ist es jetzt auch höchste Zeit für ein Kind, findet sie. Mist. Ihr Mann meint tröstend, sie könnten ja trotzdem schwanger werden. Mit einem Baby im Arm einen neuen Arbeitgeber finden? Das stellt sich Konstanze nicht richtig cool vor. Sie sieht sich vielmehr schon wie eine Bittstellerin den bohrenden Fragen der potenziellen Arbeitgeber im Bewerbungsgespräch ausgesetzt: «Schaffen Sie das denn? Baby und Job?» Du bekommst, was du verdienst? Fehlanzeige. Konstanze fühlt sich nach dieser Kündigung doppelt betrogen. Um ihren Job und um die Perspektive, Kind und Beruf gut unter einen Hut zu bringen.

Mia, Marion und Astrid

Mia ist Lehrerin. Marion ist Mutter einer Rasselbande von vier Kindern. Astrid ist Zahnärztin. Sie alle sind Mitte 40, sie alle haben die Diagnose Brustkrebs bekommen. Eine Diagnose, die zu Recht Angst auslöst. Bei den Frauen selbst, bei ihren Partnern, ihren Kindern und Freunden. Es ist nicht zu kontrollieren, nicht zu ändern, es ist so lange ungewiss, was genau passieren wird. Die Frauen lernen, im Nebel der Zukunft «auf Sicht» zu fahren. Anstatt von der fernen Zukunft zu sprechen und Pläne zu schmieden, teilt sich das Leben in viel kürzere Abschnitte ein: von der Chemo zur Bestrahlung, vielleicht bis zur doch noch notwendigen oder möglichen Brust-OP. Zur Nachuntersuchung. Abwarten. Hoffen. Optimismus. Trauer. Verzweiflung. Angst um die Kinder. Verdient hat das keine von ihnen. Mia, Marion und Astrid haben alle überlebt. Natürlich haben sie, ihre Familien und die Mediziner alles dafür getan. Dennoch bleibt es ein Geschenk.

Die Ereignisse der Lebensmitte zeigen uns: Wir haben viel weniger unter Kontrolle, als wir uns vorstellen mochten. Wir sind nicht omnipotent und können nicht auf alles Einfluss nehmen und unser Glück zielsicher steuern.

Die Lebensmitte wartet häufig mit Themen auf, die sich der Kategorie «Leistung und Verdienst» komplett entziehen. Die unverdienten Ereignisse fordern uns in der Lebensmitte anders heraus. Wir haben zu diesem Zeitpunkt in der Regel noch keine oder wenig Erfahrung mit der Bewältigung von Krisen dieser Qualität. Die Krisen fordern uns ganz praktisch heraus: Wie finde ich den besten Arzt oder eine angemessene neue Aufgabe? Die Krisenereignisse der Lebensmitte führen uns dabei sowohl oft an unsere Grenzen der Belastbarkeit als auch an die Grenzen unserer Vorstellungskraft von der Zukunft, die vor uns liegt. Wir sind ungeübt, auf diese Situationen zu reagieren. Wir haben erst mal keine Antwort darauf, sind sprachlos und sehen nur Nebel.

Die Lebensmitte lehrt uns Demut. Ein altmodisches Wort, unbeliebt dazu. Ja, es ist demütigend zu sehen, dass wir doch nicht alles im Griff haben, unsere Bemühungen ins Leere laufen und eine krisenhafte, existenzielle Situation vielleicht nur abpuffern, aber letztlich nicht ändern können. Dass wir verletzbarer sind, als uns lieb ist. Dass wir weniger souverän, stark und erwachsen sind, als wir von uns dachten und gesehen werden wollen.

Demut bedeutet auch, den Widerstand und die Wut gegen das Unverdiente aufzugeben, Dinge als unveränderbar anzunehmen und zu akzeptieren, wo wir stehen – samt verdienter und unverdienter Ereignisse.

Wir müssen Wege finden, diese Themen, die wir zuerst als Unglück wahrnehmen, zu verwandeln. Wir müssen die Tür finden, um durch die Wand der Enttäuschung, der geplatzten Träume hindurchzukommen. Oder eine Leiter anstellen, um darüberzuklettern. Wir können schauen, welche andere, positive Bedeutung die Ereignisse über die Zeit annehmen können, was wir aus Krisen und Enttäuschungen für uns lernen können. Damit will ich schmerzhafte, zum Teil existenzielle Krisen nicht glorifizieren oder verniedlichen. Viele Menschen, mit denen ich gesprochen habe, wären lieber glücklich verheiratet als geschieden und lebensklug. Ich hätte meine Mutter lieber lebendig am Esstisch als tot im Grab. Meine persönliche Reifung, die damit einhergegangen ist, würde ich dafür jederzeit eintauschen. Die Frauen mit Brustkrebs wären lieber gesund geblieben als daran persönlich gewachsen. Das ist keine Frage. Keiner möchte das tauschen.

Aber wenn es schon unverdient passiert, dann müssen wir schauen: Wie können sich unverdiente Krisen in etwas Neues wandeln? Was bringt die Krise im Schlepptau an positiver DNA mit? Das zeigt sich in der Regel nicht sofort. Das zu fordern ist auch zynisch angesichts des Leids, was entstanden ist. Die Enttäuschungen und Krisen müssen erst gemeistert werden. Eine Scheidung will erst mal vollzogen werden, das

Sterben der Mutter begleitet sein. Die Erkrankung erst eingedämmt, gestoppt oder überwunden sein. Später dann ist Zeit, um das Erlebte gedanklich zu bearbeiten – quasi zu kompostieren, bevor es der Humus für neues inneres und äußeres Wachstum sein kann.

Dabei ist dieser Kompostierungsprozess des Erlebten ein einsamer: Ja, wir können uns Unterstützung und Hilfe holen. Ich bin sogar eine Befürworterin, sich Hilfe zu holen und unterstützen zu lassen. Durch Gespräche mit Freunden, mit dem Partner, mit Experten zum Thema. Je nachdem, wer hilfreich ist und etwas beizutragen hat. Wir tragen jedoch am Ende die Verantwortung für diese Verwandlung selbst, auch wenn wir sie gerne – zumindest zum Schein – abtreten wollen: an den Arbeitgeber, den Partner, den Arzt, die Eltern, die Gesellschaft.

Wenn wir nicht bekommen, was wir meinen zu verdienen, wenn wir ankommen, wo wir nicht hinwollten, müssen wir eine Standortbestimmung machen. Ein Zwischenresümee ziehen, den Kompass neu ausrichten und möglicherweise erneut losmarschieren. Das ist schwer in einer Lebensphase, von der wir dachten, wir wären angekommen oder dem Tafelberg des Glücks zumindest sehr nahe. Im Navigator des Buches finden Sie passende Wegweiser und zielführende Fragen dazu.

Unverhofft kommt oft

Was wir – auch das ist typisch für die Lebensmitte – weniger sehen, ist das zahlreiche unverdiente Glück, das uns in der Lebensmitte genauso umgibt. Die Beispiele dafür sind endlos und in jeder Vita zu finden: Wir sind zum Beispiel gut ausgebildete Menschen. Wir leben in einem friedlichen Land, das weitestgehend funktioniert – mehr als das sogar. Unser Kind ist gesund. Wir hatten Mütter oder Väter, die sich um uns gekümmert haben. Wir haben meistens ein bis zwei enge Freunde, die ansprechbar sind, auch für unbequeme Fragen. Wir leben in einer

Stadt, in der wir uns wohlfühlen. Wir haben nette Nachbarn, gute Lehrer in der Schule unserer Kinder, eine patente Oma, die hilft. Jeder hat vielfach unverdientes Glück, wenn er genau hinguckt. Es lohnt sich, dafür einen Blick zu entwickeln. Denn die Dankbarkeit dafür kann uns sehr glücklich machen. Und die Dankbarkeit für das Glück kann einem Kraft geben, um das Gewicht des unverdienten Pechs zu tragen und auszugleichen.

Du bekommst, was du verdienst. Irrtum. Das Leben rechnet anders ab: mit unverdientem Pech und unverdientem Glück. Unsere eigene Leistung hat also nur sehr bedingt – bis nichts – damit zu tun. Es geht in der Lebensmitte auch darum, die Dinge, die uns geschenkt werden, wertzuschätzen und daraus Kraft und Optimismus zu schöpfen, und die Dinge, die uns in den Weg gestellt werden, anzunehmen und, wo möglich, in etwas Gutes, Sinnhaftes zu verwandeln.

....
Irrtum: Du bekommst, was du verdienst.
....
Korrektur: Du bekommst, was dir gegeben wird:
....
unverdientes Pech und unverdientes Glück.
....

IRRTUM 6:
DEINE EHE, DEINE BEZIEHUNG IST DEIN HAFEN

Ehe und eine klassische Familie stehen für Liebe, Geborgenheit und Vertrauen. Sie scheinen ein unkaputtbares Leitbild zu sein. Auch heute noch. 2016 hat die Zeitschrift *Eltern* eine Forsa-Studie veröffentlicht, in der 1061 Männer und Frauen im Alter zwischen 18 und 30 Jahren – also weit vor der Lebensmitte – zur Zukunft der Familie befragt wurden. Das Familienbild, das sie anstrebten, ist altbekannt: 87 Prozent der kinderlosen Befragten planen mehrere Kinder, und zwei Drittel von ihnen wollen in einer klassischen Kernfamilie leben. Vater, Mutter und zwei Kinder. Drei Viertel wollen eine stabile Partnerschaft, um eine Familie zu gründen. Sie suchen und wollen ihn, den Hafen der Ehe oder der Beziehung. Er soll als Anker- und Ausgangspunkt für die Familie dienen und die Homebase für den Aufbau der Zukunft sein. Das ist emotional nachvollziehbar.

Irgendwie ist dennoch der Mehrheit der Befragten schon klar, dass dieser Rückzugsort keine Garantie ist: Denn interessanterweise glauben 83 Prozent, dass Patchworkfamilien in den nächsten 20 Jahren an Bedeutung gewinnen werden. Zwischen dem Zeitpunkt, wo wir den Hafen der Ehe finden, und dem, wo eine Patchworkfamilie zusammenfindet, muss ja irgendwas passieren. Eine ganz Menge sogar. Eine Trennung und Scheidung vermutlich. Das wissen wir alle, blenden es aber natürlich aus (siehe Irrtum 7: «Das passiert mir doch nicht»).

Zur Erklärung hilft ein Blick in die Vergangenheit: Früher war die Ehe als kluge soziale Konstruktion der Arbeitsteilung, der gegenseitigen Fürsorge und dauerhaften Verpflichtung gedacht. Dies gilt heute in dieser Form nicht mehr. Eine Eheschließung ist letztlich (nicht mehr als) eine Einladung zu einer gemeinsamen parallelen Entwicklung. Gerade nach der Familiengründung und wenn der Hochglanzlack der Beziehung ab ist, werfen beide Partner noch mal alle Karten in die Luft.

Ergebnis: offen. Nach der Hochzeit kommt also kein Punkt, sondern ein Doppelpunkt. Sagt einem nur keiner.

Dass das gemeinsame Projekt gelingt, ist nicht garantiert – das ahnen oder wissen wir. Wenn wir es dennoch gelingen lassen wollen, müssen wir das gemeinsame Tun bewusst darauf ausrichten und die Stolpersteine der Lebensmitte mit einkalkulieren.

Eine Geschichte von neu gemischten Karten

Nach der Geburt ihrer Tochter hat sich Philippa der Aufgabe, eine Familie aufzubauen, total verschrieben. Alle Koordinaten ihres Lebens haben sich verschoben. Ihr Job pausiert. Das Baby ist da, ihr Mann dafür beruflich schwer unterwegs. Die Umstellung von berufstätiger Frau zur Mutter zu Hause ist hart. Trotzdem ist sie überzeugt von der Idee, eine Familie zu gründen und loyal gegenüber ihrem Mann zu sein, mit dem sie das ja alles aufbauen wollte. Philippa ist tüchtig: Sie managt parallel den Hausbau, den Haushalt und das Baby, unterstützt ihre alternden Eltern und hält ihrem Mann den Rücken frei. Sie ist verlässlich und immer da – wie ein treuer Soldat.

Das geht über einige Jahre so. Ihr Engagement als Mutter und Ehefrau erfüllt sie aber mit immer weniger Begeisterung, genauso wie die Begeisterung für ihren Mann, seinen Job und was ihn Tag und Nacht beschäftigt, nachlässt. Er ist selten bei ihnen, arbeitet viel oder ist in Anwesenheit abwesend mit seinem Smartphone beschäftigt. Er reist viel, kommt abends koffeinübersäuert, verbraucht und erschöpft nach Hause. Philippa ist zu Hause, allein mit dem Kind.

Ihre Rückkehr in den Job verschärft die Situation noch, weil sie jetzt eigentlich die verlässliche Unterstützung ihres Mannes gebraucht hätte. Sie macht ihrem Mann erst vorsichtig, dann immer deutlicher klar, dass es ihr nicht gutgeht in ihrer Ehe. Er benutzt ihre Gemeinschaft

wie einen Service-Point. Er kommt und geht nach Belieben. Familien-
zeit findet für ihn à la carte statt: wenn es ihm passt, nach seiner
freien Auswahl, mehr oder weniger üppig, ohne Festlegung seiner-
seits. Zum Geburtstag bekommt Philippa einmal einen Gutschein von
ihm für «5x Babysitting» geschenkt – für seine eigene Tochter. Mehr,
geschweige denn verbindliches, verlässliches, zupackendes Engage-
ment für die Familie? Gemeinsamer Feierabend? Fehlanzeige. Sicher,
er ist unfassbar beschäftigt, aktiv und fleißig im Job, im Aufbau seiner
Karriere begriffen, von der sie alle profitieren. Philippa unterstützt ihn
auch. Sie ist aber auch selbst ehrgeizig und will, dass sie gemeinsam
vorankommen. Sie hatte eine andere Vorstellung von Familie, von
Ehe, von einer Beziehung. Die Idee hieß Gemeinschaft und Partner-
schaft auf Augenhöhe. Sie will mit ihm jetzt neue Lösungen für eine
neue Lebensphase überlegen, neue Modelle, eine gute Abstimmung,
kluge Kompromisse finden. Zeit für Austausch, Gespräch und Nähe
finden. Er will Erfolg im Job, zeitliche Souveränität, möglichst wenig
Festlegung seinerseits und Ruhe zu Hause.

Philippa und ihr Mann sitzen fest im Hafen der Ehe und ihren unter-
schiedlichen Vorstellungen davon. Dass diese so unterschiedlich waren
oder sein würden, hat sie vorher nicht geahnt – das hat sich erst ge-
zeigt, als der Praxistest kam: echtes Baby, echtes nächtliches Geschrei,
echte Jobs, echter Hausbau, echte Konflikte, echte Verteilungskämpfe
um Ruhe, um Freizeit, um Arbeitszeit, um Schlaf. Trotzdem wäre sie
nie auf die Idee gekommen, einfach so zu gehen, ihren gemeinsamen
Ehehafen einfach so zu verlassen. Er schon. Er verlässt sie für eine an-
dere Frau, die Single ist und kinderlos. Philippa bleibt zurück. Sie hat
keine andere Familie, dafür ein Kleinkind, kranke Eltern und einen for-
dernden Job. Philippa ist 43 Jahre alt. Die Hafenmauern der Ehe sind
gründlich eingerissen worden, sie steht unter Schock und kann es nicht
fassen.

Damit das nicht passiert, geht es gerade in Partnerschaften in der Lebensmitte darum, viele Spannungsfelder zwischen den Partnern auszutarieren. Zwei erwachsene Menschen gehen – in der Regel noch weit vor der Lebensmitte oder zu deren Beginn – eine Entwicklungsgemeinschaft ein und denken, sie heiraten einen erwachsenen, fertigen Menschen, den sie kennengelernt haben und von dem sie meinen zu wissen, wo er im Leben steht. De facto sind aber die ersten 10 bis 15 Jahre der Ehe, die in der Regel dann in die Lebensmitte fallen, heftigen Belastungsproben von außen, aber auch von innen ausgesetzt. Mit den Veränderungen von innen heraus, also mit den Veränderungen des Partners oder uns selbst, rechnen wir am wenigsten.

Der Partner kann sich verändern. Seine Werte können sich aufgrund seiner eigenen Reflexion, seines Erlebens, seines beruflichen Umfeldes entwickeln und verschieben. Diese Entwicklung muss man nicht immer gut finden und mittragen können. Da wird aus einem ambitionierten, klugen Typen ein kalkulierender Karrierist, aus einer dynamischen Frau ein verbissenes Wesen mit scharfen Zügen um den Mund, aus einem witzigen Kumpeltyp eine larmoyante Couchpotato in Jogginghose. Die Konflikte, die man austrägt, können durch die Krise des Partners ausgelöst werden – und werden plötzlich zur Krise der Partnerschaft. Oder beide Partner spüren, dass sich etwas geändert hat. Im Hafen der Ehe kann es stürmisch und ungemütlich werden.

Zwischen beiden Partnern gilt im Verlauf der Lebensmitte also mitnichten der Status quo bei Eheschließung. Die AGBs der Beziehung, die bei der Eheschließung gegolten haben, veralten, werden ungültig. Sie werden kontinuierlich verändert und müssen neu verhandelt und aktualisiert werden. Oftmals werden sie aber wortlos einseitig abgeändert. Der andere lebt noch nach der alten Version der AGBs und wundert sich über die Schieflage. Bei stillen Abänderungen kriegt es der andere meistens spät, nie oder zu spät mit. Das ist eine gefährliche Grundlage für eine Ehe oder Beziehung.

Hier sind nur einige Beispiele für Verhandlungsthemen:

- Wer lebt wie seine Freiheit und Selbstbestimmtheit aus?
- Welche Verpflichtungen gibt es für wen? Lässt man sich überhaupt zu etwas verpflichten?
- Wie viel Partnerschaftlichkeit und Gegenseitigkeit soll gelten? (Es geht ja nicht immer um Gleichberechtigung, 50-50-Lösungen, sondern um die Frage: «Wer trägt welchen Part?»)
- Wie tolerant ist man und wie weit kann man den anderen so sein lassen, wie er ist, Schwächen inklusive?
- Wo braucht es aber auch gegenseitige kritische Rückmeldung zu Verhalten und Lebensführung? Gibt es dann die Bereitschaft, diese Rückmeldung in Weiterentwicklung umzusetzen?
- Wie teilt man sich die Haushalts-, Kinder- und Familienarbeit auf? Wer übernimmt welche Rolle?
- Wie geht man mit finanzieller Wertschätzung um, und wie wichtig ist Geld? Wer leistet welchen Beitrag und erhält welchen Teil der wirtschaftlichen Belohnung?
- Geben und nehmen: In welcher Währung wird gezahlt? Verdient der eine Geld, und der andere kümmert sich dafür um die Großeltern und macht die Buchhaltung der Familie?
- Wie verbunden ist man im Alltag? Und wie viel Unabhängigkeit braucht man in der Verbundenheit?
- Wie geht man mit dem Machtgefüge und Machtgefälle um, wenn einer deutlich besser verdient?

Viele verstehen den Hafen der Ehe oder der Beziehung vor allem als sicheren Liegeplatz zum Ankern und Ausruhen. Als Platz des Status quo. Sie verlassen sich darauf, dass sich ausgerechnet hier nichts ändert. Man baut auf den Schutz, der einem in diesem Leitbild versprochen wurde. De facto hat jeder Hafen ein Hafenbüro mit einer Hafenmeisterei, die die Regeln der Hafennutzung festlegt. Diese müssen in der Lebensmitte neu aufgestellt werden und von der Hafenmeisterin und dem Hafenmeister mitgetragen werden.

Eine Geschichte vom Stolperstein namens Ehe

Viele Paare beschließen bewusst, kinderlos zu bleiben, weil sie diese Lebensform als passender für sich empfinden. Oft ist dieser Entschluss wirklich einstimmig – manchmal favorisiert aber auch ein Partner den Wunsch nach Kinderlosigkeit stärker als der andere. Heikel wird es, wenn es der Mann ist, der diesen Wunsch formuliert, und die Frau der Beziehung zuliebe auf ihren verzichtet, obwohl sie sich Kinder schon hätte vorstellen können – nur eben nicht gegen den Wunsch ihres Partners. Im Fall von Marlene und Sebastian war es so.

Für Marlene waren Kinder denkbar, aber die Beziehung zu Sebastian, der eindeutig keine Kinder wollte, war ihr wichtiger. Sie hätte im Traum nicht daran gedacht, ihn deswegen zu verlassen, und hat sich auf eine kinderlose Beziehung mit all ihren Freiheiten und Möglichkeiten eingelassen. Schnitt.

Sebastian und Marlene trennen sich Jahre später. Nach nur kurzer Zeit hat Sebastian eine neue Partnerin. Und – man ahnt es schon –: Sebastian wird Vater eines kleinen Mädchens und findet es toll.

Marlene, inzwischen deutlich Mitte 40 und ohne Partner, fühlt sich vor den Kopf geschlagen. Hatte sie nicht für Sebastian auf Kinder verzichtet? War es nicht ein Teil der gemeinsamen Lebensplanung gewesen, deren Konsequenz aber jetzt nur für sie galt?

Marlene fühlt sich verraten und kann nicht aufhören «Was-wäre-wenn-Gedanken» hin und her zu wenden. Was wäre gewesen, wenn ich doch Kinder bekommen hätte? Was wäre gewesen, wenn ich einen Mann gehabt hätte, der Kinder gewollt hätte? Dann hätte ich sicherlich Kinder bekommen. Dann wäre es jetzt nicht zu spät für ein Kind. Dann stünde ich jetzt nicht alleine da. Was wäre, hätte, hätte ... Hätte sie ihrem latenten Kinderwunsch am Anfang der Beziehung mehr Gehör und Gewicht beimessen müssen? Hätte ihr das Risiko bewusster sein müssen, irgendwann alleine dazustehen? Hätte sie sich damals dann gegen Sebastian und für Kinder entschieden? Die Meister der Nachanalyse in Marlenes Freundeskreis waren schnell mit Kommentaren zur Stelle, was Marlene hätte alles kommen sehen müssen.

Hafen Ehe. Stolperstein Ehe. So gesehen ist eine Ehe oder Beziehung, die feste Bindung an einen Partner eben keine Absicherung, sondern manchmal eher ein Lebensrisiko oder zumindest eine Einschränkung an Optionen, wenn dadurch Lebensträume wissentlich durchkreuzt oder schicksalhaft ausgelöscht werden, die wir uns für unsere Lebensmitte erträumt oder gewünscht hatten.

Eine Geschichte vom miesen Verräter namens Schicksal

Lars und Dunja sind ein tolles Paar: sie Dozentin für Soziologie an der Uni, er Physiotherapeut mit eigener Praxis, die er sich aufgebaut hat. Sie bekommen zwei Kinder, ein Junge und ein Mädchen, drei Jahre auseinander. Die vier sind glücklich. Doch vor zwei Jahren, als die Kinder fünf und acht sind, stirbt Dunja. Krebs. Sie hat es nicht geschafft, ihn niederzukämpfen, trotz zahlloser Heilungsversuche. Lars erzählt das erstaunlich gefasst. Auch er hat gekämpft, wie er mir erzählt. Gekämpft damit, einen geliebten Menschen nicht zu verlieren. Dann damit, ihn verloren zu haben. Aber auch damit, den Hafen verlassen zu müssen, in dem er sich so geborgen gefühlt hat mit zwei kleinen

Beibooten im Schlepptau, die noch keinen eigenen Motor haben. Der
Plan war ein anderer. Die Verantwortung für die zwei Kinder ganz
alleine zu tragen hat er so nicht geplant, und das wiegt schwer.

Die Geschichten in diesem Kapitel erinnern uns daran: De facto kann
jeder Hafen von heftigen Stürmen und Wellen zerstört werden. Der
Seegang nimmt in der Lebensmitte zu.

Einen Hafen in der Beziehung zu finden ist gut, aber er braucht Aufmerksamkeit und Arbeit. Die Regeln müssen an seine Nutzer angepasst werden, sonst droht Unfrieden im Hafen, und einer verlässt ihn.

Und: Dass ein Hafen unversehrt bleibt – das zeigen uns Lars' und
Dunjas und auch Marlenes Geschichte –, ist keine Selbstverständlich-
keit. Natürlich wissen wir, dass es Lebensrisiken gibt. Es muss nicht
alles gutgehen. Das ist uns klar. Und natürlich hoffen wir, dass es uns
nicht trifft (siehe Irrtum 7: «Das passiert mir doch nicht»). Lebensrisiken gibt es in jedem Lebensabschnitt. Der Unterschied in der Lebensmitte ist: Es trifft uns so hart, weil wir alleine es sind, die mit den
Folgen umgehen müssen. Das erleben wir das erste Mal so deutlich. Es
gibt keine Eltern mehr, keine Großeltern, keine Lehrer und auch sonst
niemanden, der sich qua Rolle verpflichtet fühlt, unser Lebensrisiko
abzufedern, und uns hilft, die Konsequenzen zu tragen. Wir müssen
es alleine tun. Und im Gegenteil oftmals sogar die Lebensrisiken für
andere, zum Beispiel unsere Kinder, abfedern. Wir sind gut beraten,
uns dies klarzumachen und, wo wir können, zumindest finanziell vor-
zusorgen, um wenigstens das finanzielle Lebensrisiko vorerst gering zu
halten, bis man sich wieder gefangen hat. Es geht darum, einen Plan B
zu entwickeln, der als erstes Geländer dient, falls es eng wird. Zu Plan B
gehören finanzielle Rücklagen: Womit verdiene ich im Zweifel mein
Geld, wenn mein Partner nicht mehr dazuverdient? Worauf würde ich
verzichten können? Wer könnte mich für einige Wochen und Monate
unterstützen, wenn ich alleine wäre? Wo können die Kinder bleiben,

wenn ich krank bin und mein Partner nicht (mehr) da ist? Siehe auch Navigator, Wegweiser #36: «Die Sache mit dem Plan B».

Wenn das Lebensrisiko «Verlust des Hafens» heißt, ist dies besonders schmerzlich, weil es uns vollständig auf uns und unsere Kräfte zurückwirft. Das ist doppelt bitter, wenn man gerade dachte, Lebensrisiken zu zweit, in der Geborgenheit des Hafens, besser meistern zu können.

Irrtum: Deine Ehe, deine Beziehung ist dein Hafen.

Korrektur: Deine Ehe, deine Beziehung ist dein Hafen, offen zur Welt, aber keine unangreifbare Trutzburg.

IRRTUM 7:
DAS PASSIERT MIR DOCH NICHT

Die meisten von uns haben schon erlebt, wie es anderen durch ungeplante, ungute Ereignisse in der Lebensmitte die Füße unter dem Boden wegzieht. Dann geht ein Raunen durch den Freundes-, Kollegen- und Bekanntenkreis: «Hast du schon gehört? Echt? Der Arme, wie furchtbar!»

Wir gehen davon aus und tun auch so, als ob dies eine Störung im gut geölten System sei. Ein bedauerliches Einzelschicksal. Heimlich hoffen wir inständig, dass der Kelch an uns selbst vorbeigehen möge. Zur Sicherheit legen wir noch eine Leistungsschippe obendrauf.

Das ist ein Schutzmechanismus, der nachvollziehbar, aber trügerisch ist. Denn die Krisen, die Menschen im Nachgang von schwierigen Ereignissen in der Lebensmitte erleben, also Entwicklungskrisen der Persönlichkeit, sind keine Einzelschicksale. Eine Entwicklungskrise in der Lebensmitte wird jeden von uns mit hoher Wahrscheinlichkeit – wenn nicht sogar mit Ansage – treffen. Nur spricht keiner darüber, denn wieso Entwicklungskrise? Wir sind doch schon erwachsen, so der kollektive Irrtum.

«Not in my backyard», sagt der Engländer und möchte ein Problem nicht bei sich im Garten, sondern lieber beim entfernten Nachbarn sehen. Das Sankt-Florians-Prinzip ist die deutsche Entsprechung. «Heiliger Sankt Florian, verschon mein Haus, zünd andre an!» Es ist der menschliche Wunsch, verschont zu werden. Das Prinzip ist auch auf Entwicklungskrisen anwendbar. Bei mir bitte nicht! So das Stoßgebet.

Es ist auch nicht verwerflich, sich in Sicherheit wiegen zu wollen. Es spricht eine gewisse Gelassenheit und Gottvertrauen daraus oder Vertrauen in die eigenen Kräfte, sich für relativ immun zu halten. Es stimmt ja. Warum soll man sich mit potenziellen Bedrohungen und Untiefen des Lebens schon vorher belasten? So ein Rumgeunke, obwohl man schließlich nie weiß, was einem passieren wird, ist auch un- sexy und nervt irgendwie. Fährt man mit einem trotzigen «Das pas- siert mir doch nicht!» nicht einfach besser?

Tja, wer mich fragt: Es stimmt beides. Rumunken und Schwarz- sehen verdirbt die Laune. Eine Vollkaskoversicherung gegen schwieri- ge Lebensereignisse hat keiner von uns. Vielleicht würde es helfen, es zumindest für möglich zu halten, dass man in der Lebensmitte nicht nur ein Land von Milch und Honig durchschreitet. Dass man nicht nur älter wird, sondern auch gezwungen wird, sich schwierigen Fragen zu stellen und diese selbst zu beantworten. Man nennt es erwachsen werden.

Denn, das ist kein Unken: «Es» passiert einfach. Es herrscht dann Unruhe oder Chaos im bis dahin halbwegs geordneten Leben. Es ist unfair. Es ist gegen die Regeln. Es ist eine Schweinerei. Die eigene Erde, auf der man sich sicher fühlte, bebt, der sichere Schritt schwankt.

Wir Deutschen sind ja durchaus sicherheitsliebend – daher rechnen wir vielleicht noch mit kritischen Ereignissen im Leben, aber nicht mit den damit verbundenen Entwicklungskrisen unserer Persönlichkeit im Nachgang. Das ist wie ein unvermutetes Nachbeben, der Erdrutsch, der Wasserrohrbruch, der dem Beben folgt, die kaputte Elektrik oder der Dachstuhlbrand, nachdem der Blitz eingeschlagen ist.

Wo bitte ist der Sinn?

Was soll man denken, wenn einem Dinge widerfahren, deren Sinn sich nicht wirklich erschließt? Es gibt diesen Sinn meiner Meinung nach nicht. Die folgenden Beispiele zeigen, dass ständig Dinge passieren, die einen Sinn vermissen lassen: Wie geht man mit der Tatsache um, nach dem Krebstod des Mannes alleinerziehende Mutter eines achtjährigen Jungen zu sein? Was bedeutet es für ein Paar, wenn einem der Arzt eröffnet, die Chance, schwanger zu werden, läge bei vier Prozent – mit der aufwendigen Hormonbehandlung bei sechs Prozent? Bekomme ich weitere Kinder, wenn mein zweites Kind einen seltenen Gendefekt hat und immer besondere Aufmerksamkeit benötigen wird? Der neue Gesellschafter verkleinert die Führungsriege, und mein Job ist weg. Wo ist der Sinn? Was tue ich dann?

Der Volksmund tröstet schnell. «Alles hat seinen Sinn.» Daran glaube ich nicht. Ich denke, es gibt Dinge und Ereignisse, die sind einfach traurig, sinnlos, schwer zu tragen, enttäuschend. Ich finde es auch zynisch, darin direkt etwas Gutes finden zu müssen. Lasst die Männer und Frauen in Ruhe mit dieser gutgemeinten Aufforderung, den Sinn zu sehen. Ihnen gebührt Trauer, Enttäuschung. Verzweiflung. Wut. Erst mal.

Morgen, nicht heute

Ja, viel später, vielleicht sehr viel später sogar, geht es darum, die neuen Rahmenbedingungen anzuschauen und zu akzeptieren, vielleicht sogar anzunehmen, obwohl man es sich so nicht ausgesucht hätte. Nachdem sich der Staub, Dreck und die Aufregung um das Erstereignis gelegt haben – und das dauert meiner Erfahrung nach einige Zeit –, kann man sinnvollerweise weiterschauen nach dem Sinn.

Schmiede Sinn aus dem scheinbar Sinnlosen

Dieser Sinn ergibt sich nicht von alleine. Das haben wir doch schon mal gehört? «Jeder ist seines Glückes Schmied.» Aus meinem Poesiealbum der 4. Klasse, eingetragen von einem Studienreferendar, an dessen Gesicht ich mich nicht mehr erinnere. Gut 2200 Jahre ist dieser

Spruch schon alt, Appius Claudius Caecus hat das wohl mal gesagt, irgendwie altbacken, aber doch sehr brauchbar in diesem Kontext. Man kann nicht immer das Glück schmieden. Im Gegenteil: Es kann zerbrechen. Aber Sinn lässt sich schmieden.

Worum könnte es also gehen, nach dem persönlichen Beben? Was ist die Geschichte nach der Geschichte, die passiert ist?

Wir leben nach einem kritischen Ereignis in diesem seltsamen Spannungsfeld von Kontrollverlust und Gestaltungswillen. Zu Beginn pendeln wir zwischen diesen Polen von einer Seite zur anderen. Kontrollverlust – Gestaltungswille – Kontrollverlust – Gestaltungswille. Immer hin und her. Aus dem Gestaltungswillen erwächst in der Regel irgendwann eine Gestaltungschance. Aus dem Kern der Erkenntnis «So ist es halt» wächst ein neuer Trieb. Eine neue Identität zu entwickeln, die auf diesem Sinn aufbaut – das ist die Aufgabe.

Erst schrittweise erschließen sich einem die Möglichkeiten, wie man mit diesem unerwünschten Strich auf der Leinwand des Lebens doch noch etwas Gutes anfangen und entwickeln kann.

Françoise Gilot, die Exfrau von Pablo Picasso, erzählte einmal in einem Interview, was es für sie als Malerin bedeutet, wenn sie sich vermalt. Es gilt, den verfehlten Strich in das Gesamtkunstwerk zu integrieren. Der verfehlte Strich bekommt dabei eine neue Bedeutung und trägt zum Gesamtkunstwerk bei. Ich finde, das ist eine schöne Analogie zu dem unerwünschten Ereignis in der Lebensmitte: Erst mal ist es wie ein Klecks oder falscher Strich auf der Leinwand, der einen verzweifeln lässt. Dann aber geht es nicht darum, den Strich zu übermalen, zu übertünchen, sondern ihn sinnhaft zu integrieren. Es gilt, dem Strich einen Sinn zu geben. Das heilt die Wunden. Erst schrittweise erschließen sich einem die Möglichkeiten, wie man mit diesem Strich auf der Leinwand des Lebens doch noch etwas Gutes anfangen kann.

«Ist so!», sagt meine Freundin Eva-Maria oft. Sie formuliert es immer als Aussage. Mit einem Punkt dahinter oder einem abschließenden Ausrufezeichen. Keine Diskussion. Schlucken. Punkt. Aus. Ende.

Es gibt ganz offensichtlich Dinge, die wir zu akzeptieren haben, weil sie unabänderlich sind. Aber: Danach ist die Geschichte eben nicht zu Ende, sondern dann wird es erst richtig interessant. Umstände zu akzeptieren muss nicht unbedingt bedeuten, dass alles so bleibt, wie es ist. Es hat nicht zu bedeuten, dass alles unabänderlich ist und man sich unterzuordnen hat. Die Eltern des Kindes mit dem seltenen Gendefekt haben mutig noch weitere Kinder bekommen, alle gesund. Das kinderlose Paar blieb zusammen und engagiert sich heute stark in der Jugendhilfe. Die alleinerziehende Mutter hat keinen Ersatzvater für ihren Sohn gesucht, aber einen neuen Lebenspartner für sich gefunden. Der Topmanager ist in ein kleineres Unternehmen als Nachfolger des ausscheidenden Chefs eingestiegen und ist jetzt glücklicher Inhaber der eigenen Firma.

Die Frage ist also vielmehr, wie ich mit dem zu akzeptierenden Umstand jetzt umgehe. Was mache ich mit der Tatsache, dass mein Job weg ist? Meine eigene Mutter so früh verstorben ist? Meine Ehefrau sich aus meinem Leben verabschiedet hat? Welche Konsequenz ziehe ich daraus? Und nicht nur die absehbaren, schwierigen, sondern auch die guten Konsequenzen. Das muss Folgen haben! Ja, genau: aber gute Folgen!

Was ist das Gute im Schlechten? Das ist die spannende Frage, die nach der Akzeptanz kommt. Es geht also nicht um ein opferhaftes oder stoisches Annehmen von Schicksalsschlägen und Veränderungsrichtungen. Es geht darum, die neuen Gegebenheiten langsam anzunehmen und sie als Basis für neue Überlegungen zu nutzen. Es geht darum, einen Sinn aus der neuen Konstellation zu schmieden. So wird aus einem Punkt ein Doppelpunkt. Aus scheinbarer Sinnlosigkeit entsteht neuer Sinn.

Das geschieht in der Regel aber nicht von allein, es bedarf geistiger Energie (manchmal auch physischer), um diesen neuen Sinn zu finden. Ein Hufeisen wird auch nicht aus kaltem Eisen gebogen, es wird erhitzt und auf einem Amboss mit viel Kraftaufwand und einem Hammer geschmiedet, so lange, bis es dem Pferd genau auf den Huf passt.

Irrtum: Das passiert mir doch nicht.

Korrektur: Mit dir passiert mehr, als du denkst.

TEIL III: TUN, WAS ZU TUN IST

Nach der Erkenntnis kommt das Handeln: im Beruf, in der Auseinandersetzung mit Freunden, dem Partner und der Familie – oder was man zusammenfassend als soziales Netzwerk bezeichnet – und natürlich im Umgang mit sich selbst. Auch hier gibt es veraltete oder immer schon schiefe Leitsätze, die uns davon abhalten, klug zu handeln.

Irrtum 8: Deine Firma meint es gut mit dir.

Irrtum 9: Wir sind für dich da!

Irrtum 10: Du bist erwachsen und hast es im Griff.

IRRTUM 8:
DEINE FIRMA MEINT ES GUT MIT DIR

Unsere Arbeit ist so viel mehr als Broterwerb. Sie ist die Drehscheibe unseres Alltags. Wir sehen unsere Kolleginnen, Kollegen, Chefs und Mitarbeiter in der Regel mehr als unsere Familienmitglieder. Der Arbeitstag und die Arbeitswoche geben den Takt und Rahmen für unseren persönlichen Alltag vor. Unsere Urlaube stimmen wir mit der Firma ab. Mit unserer Arbeit verdienen wir unser Geld und sichern damit unsere wirtschaftliche Existenz.

Es ist egal, ob wir in einem kleinen oder großen Unternehmen arbeiten, einer öffentlichen Institution wie zum Beispiel einer Schule oder einer Verwaltung. Es ist offensichtlich: Der Arbeitsplatz und die Organisation, für die wir arbeiten, sind ein wichtiger Dreh- und Angelpunkt im Leben. Erst recht, wenn wir in der Lebensmitte angekommen sind: Denn je mehr Zeit wir in einem bestimmten Beruf verbracht haben – und damit mehr Lebenszeit –, umso mehr bestimmt diese Zeit unsere beruflichen Entwicklungsmöglichkeiten und unsere Zukunft.

Wir erwarten deswegen viel von unserem Arbeitsplatz: Wir wollen Geld verdienen – klar, aber die Arbeit soll auch erfüllend sein. Wir wollen unsere Talente und unser Wissen einsetzen. Wir wollen ein gutes Arbeitsumfeld mit Kollegen, die wir mögen, und Vorgesetzten, die uns schätzen und dies auch zeigen. Die Anforderungsliste ist lang: Wir wollen Austausch auf Augenhöhe, akzeptiert sein, Spaß haben, interessante Aufgaben haben, etwas lernen, Anerkennung für unsere Leistung hören und erleben. Wir wollen ein tolles Team, in dem ein Gefühl von Gemeinschaft herrscht und alle denselben Sinn empfinden für das, was sie tun – manche sagen sogar: eine gemeinsame Mission. Wir genießen gemeinsam Erfolge und strengen uns an, damit der Laden läuft. Nicht nur die Arbeitnehmer stellen sich das so vor, auch die

Arbeitgeber stimmen in dieses Harmoniebild voll mit ein und präsentieren sich entsprechend. Wenn man Jobanzeigen oder Karriereseiten auf Websites von Firmen liest, könnte man dabei leicht auf die Idee kommen, bei einer netten Familie anzuheuern, und nicht darauf, einen Deal einzugehen, der heißt: Arbeitsleistung gegen Bezahlung.

Aus dem Stellenportal für den öffentlichen Dienst: «In den Arbeitsprozessen sind wir sehr eng miteinander verzahnt. Jeder braucht den anderen, um ein Ergebnis zu erzielen, und jeder kann jeden fragen.» Ein Kosmetikkonzern wirbt: «Wir leben vier Grundwerte: Verantwortung, Einfachheit, Mut und Vertrauen. Wir übernehmen Verantwortung. Für unsere Mitarbeiter, Kunden und Marken genauso wie für die Gesellschaft und die Umwelt.» Ein schnellwachsendes Unternehmen der digitalen Wirtschaft schreibt: «Bei uns zu arbeiten, ist dynamisch und macht Spaß. Du bist Teil eines vielfältigen und entspannten Teams von Professionals, die ihre Arbeit lieben.» Und ein Pharmaunternehmen: «Wir bieten Leistungen an, die der Erhaltung Ihrer Gesundheit dienen, die Ihnen eine gesunde Work-Life-Balance und langfristig finanzielle Stabilität ermöglichen.»

Wie diese Beispiele zeigen, ist es völlig unabhängig von der Branche: Arbeitgeber verkaufen sich gerne als vertrauenswürdige Gemeinschaft, verantwortungsvolle Arbeitgeber und langfristiger Partner für das berufliche Leben. Komm zu uns, dann geht es dir gut, so die einhellige Message.

Um Arbeitnehmer von ihren Qualitäten als Arbeitgeber zu überzeugen und um Mitarbeiterbindung zum Unternehmen aufzubauen, wird viel getan. Eine ganze Fachdisziplin des Personalmarketings namens «Employer Branding» beschäftigt sich damit, eine attraktive Arbeitgebermarke aufzubauen. Es werden Leitbilder und Leitsätze erarbeitet, die den Zusammenhalt zwischen Mitarbeitern und ihrem Unternehmen stiften können. Es werden Unternehmenswerte festgelegt und in internen oder externen Kampagnen aufwendig in Text, Bild und Ton inszeniert und kommuniziert. Und nicht zuletzt werden Texte wie die von oben verfasst und online gestellt.

Daran ist auch nichts verkehrt oder verwerflich. Im Gegenteil, Leitbilder zum Beispiel helfen, Interessenskonflikte, die aufgrund von Arbeitsteilung im Unternehmen entstehen – zum Beispiel zwischen zwei Abteilungen –, abzufedern, zu überbrücken und zu harmonisieren. Sie bieten eine erste Orientierung, was – zumindest in der Theorie – im Unternehmen an Werten und Normen erwünscht und verfolgt wird. Diese Leitbilder sind Teil einer notwendigen Schauseite der Unternehmen. Sie zeigen uns, wie die Unternehmen sein wollen. Sie formulieren eine Zielvorstellung, an der sich das Unternehmen und seine Mitarbeiter, wenn es gut läuft, orientieren. Sie sind aber kein Maßstab, dessen Einhaltung die Arbeitnehmer im Zweifel einklagen können.

Diese harmonische Zielvorstellung wird in der Regel kassiert, wenn es eng wird, wenn sich Interessen zwischen Arbeitgeber und Arbeitnehmer verschieben. Ein Jobverlust in der Lebensmitte ist aus meiner Erfahrung eine unterschätzte Gefahr. Sie betrifft vor allem gut ausgebildete Männer und Frauen, die einen guten Job machen – ihren Teil des Deals also tagtäglich einlösen.

Die Arbeitgeber verfolgen ihre eigenen Interessen. Diese können sich aber im Laufe des eigenen Berufslebens in dieser Firma ändern, sind dann möglicherweise nicht mehr gleichgerichtet mit denen des Arbeitnehmers und geraten mit der ursprünglichen Vereinbarung in Reibung und Spannung.

All die Diskussionen um «das Team» und die «gemeinsame Mission» haben ihre Wirkung und lassen einen folgende Tatsache erfolgreich vergessen: Arbeitgeber und Arbeitnehmer sind Interessengemeinschaften auf Zeit, gebunden durch einen Arbeitsvertrag. Das ist auch in Ordnung, man muss es nur klar sehen und darf nicht überrascht und enttäuscht sein, wenn sich diese Interessengemeinschaft plötzlich oder einseitig löst. Wenn der langjährige Vorgesetzte auf einmal Firmeninteressen vertritt, wenn er einem anheimstellt, man möge sich nach einer neuen Aufgabe umschauen. Nach all den Jahren des Geredes von «Teamgeist» und «Der Mensch steht im Mittelpunkt».

Was uns selbst angeht: Die Verschiebung unserer Interessen in der Lebensmitte ist nicht untypisch, aber gerade in diesem Lebensabschnitt heikel, weil man in der Regel wirtschaftlich sehr von seinem Arbeitsplatz abhängt. Der Kredit fürs Haus fordert wirtschaftliche Stabilität, die Ausbildung der Kinder ist noch im vollen Gang, und ein liebgewonnener Lebenskomfort will auch gehalten werden.

Warum können sich Interessen im Laufe der Zeit verschieben? Wodurch kann der ursprüngliche Deal, der beim Einstieg ins Unternehmen bestand, zum Teil ins Wanken kommen? Der Deal, der da heißt: Komm zu uns, leiste gute Arbeit, dann wird es dir gut bei uns gehen, und wir sorgen für dich. Das ist das Leitbild, das wir im Kopf haben. Und der Irrtum.

Ich bin fünf Faktoren begegnet, die genau dazu führen. Die «Big Five» der Dealbreaker sozusagen. Einige der Dealbreaker sind äußere Faktoren aufseiten der Branche oder des Arbeitgebers. Andere finden im Erleben der täglichen Arbeit und in uns selbst, den Arbeitnehmern, statt. Aber der Reihe nach:

1. Jobverlust durch betriebliche Umstrukturierung der Arbeitsplätze.
2. Die gefährdete Art: Bestimmte Berufe sterben langsam aus, die Anzahl der Stellen und damit der Entwicklungschancen verringert sich dadurch.
3. Karrierestagnation: inhaltliches Auf-der-Stelle-Treten in der Lebensmitte statt lebenslangen Lernens.
4. Zu viel des Guten: fremdgesteuerte, ausbrennende, zehrende Arbeitsverdichtung.
5. Geschäftige Langeweile: Es ist unheimlich viel zu tun und unheimlich öde.

1. Jobverlust durch Umstrukturierungen

Unternehmen müssen, um ihre Aufgaben im Markt bestmöglich zu erfüllen, sich wiederholt die Frage stellen, ob ihre innere Struktur noch passend für die Aufgabenerfüllung ist. Setzen wir die richtigen Leute am richtigen Platz ein? Das ist daher eine zentrale und häufige Frage der Veränderungsprozesse, die ich als Organisationsberaterin begleite. Die Antworten greifen zum Teil tief in die bestehende Ordnung des Unternehmens ein.

So wird zum Beispiel auf einmal eine bestimmte Zwischenhierarchie – etwa die eines Teamleiters – nicht mehr gebraucht, obwohl man diese just vor drei Jahren eingeführt hat. Oder eine vor ein paar Jahren eingeführte Vertriebsabteilung wird wieder geschlossen, weil diese wider Erwarten nicht genügend Umsatz reinholt. Oder der Hamburger Standort wird geschlossen, und die Kunden der Region werden von Berlin aus mit bedient. Oder die benötigten Qualifikationsanforderungen der neugeschaffenen Stellen sind gänzlich andere als die der Mitarbeiter, die bisher auf den Stellen sitzen. Auf der Stelle benötigen wir einen Kollegen, «der fit ist im SEO», der weiß, was «agile Arbeitsmethoden» sind, oder der den «englischen Markt kennt wie seine Westentasche», so hören sich dann die neuen Anforderungen an den potenziellen Stelleninhaber an.

Diese Umstrukturierungen mögen aus Sicht des Unternehmens hoch sinnvoll sein. Sie können jedoch gleichzeitig gegen die Interessen derer sein, die auf diesen Positionen sitzen. Pech also für die Teamleiter, die Vertriebskollegen oder die Kundenberater in Hamburg. Der Deal gerät ins Wanken. Jetzt wird neu ausgehandelt, was mit ihnen passiert. Von Umbesetzung über Schulung bis zur betriebsbedingten Kündigung ist nun alles drin. Am Ende des Spektrums der Möglichkeiten steht: Verdiente, erfahrene Arbeitnehmer verlieren ihren Job.

Die bittere Wahrheit ist: Eine Firma ist ihren Arbeitnehmern nicht sehr viel schuldig. Der Arbeitsvertrag, der Arbeitnehmer und Arbeitgeber verbindet, ist ein Deal zwischen zwei Parteien. Das klingt hart. Aber: Diese Tatsache darf man nicht vergessen und nicht verbrämen. Ein Arbeitsverhältnis darf man nicht naiv betrachten und nicht greinen, wenn es sich auflöst. Der Laden ist dem Arbeitnehmer am Ende des Tages nicht viel schuldig und hat das Recht, den Deal aufzukündigen. Klar, es gibt die Spielregeln des Arbeitsrechts, nach denen die Auflösung sich zu richten hat. Das ist im Ernstfall schon viel. Aber es ist dann auch schon alles. Was das für den Arbeitnehmer in Folge bedeutet, ist am Ende des Tages: Privatsache.

Kaum einer meint es im Unternehmen per se böse. Unternehmen agieren einfach interessengeleitet. Wenn der Laden seine Interessen sozialverantwortlich handhabt: Glückwunsch! Wenn der Laden im Umstrukturierungsfall fair agiert: Glückwunsch!

Und – das vergisst man manchmal – auch der Arbeitnehmer hat ein Recht, den Deal aufzukündigen.

In meiner Beratungspraxis erlebe ich viel Enttäuschung und persönliche Verletzung, wenn Arbeitnehmer sehen, wie ihre Arbeitsplätze aus welchen Gründen auch immer abgebaut werden. Das ist durchaus verständlich und legitim. Natürlich ist man enttäuscht, wenn man sich jahrelang an einer Stelle eingesetzt hat und diese dann verlagert oder eingespart wird. Man fühlt sich überflüssig, und die Situation kratzt am Selbstwertgefühl. Nachvollziehbar.

Es ist aber einfach so: Die Wirtschaft unterliegt einem starken strukturellen und technologischen Wandel. Dieser macht auch vor der Personalplanung nicht halt. Im Gegenteil. Gerade in der Lebensmitte kann eine Aufkündigung des Deals aus vielerlei Gründen geschehen: Man ist aufgrund der langjährigen Berufserfahrung teuer geworden. Man ist nicht mehr so formbar wie junge Arbeitnehmer, und man bringt – da muss man ehrlich sein – auch nicht mehr das aktuellste Fachwissen mit, wenn man sich nicht selbst aktiv darum bemüht.

2. Die gefährdete Art

Bestimmte Berufe sterben langsam aus, die Anzahl der Stellen und damit der Entwicklungschancen verringert sich dadurch. Damit meine ich nicht romantische Handwerksberufe wie Weber oder Fassbauer. Durch die Digitalisierung und Automatisierung verändern sich ganze Berufsbilder oder zumindest die Anzahl der benötigten Arbeitnehmer, die diesen Beruf ausüben. Das wird in den nächsten Jahren noch weiter zunehmen. Die Liste der gefährdeten Berufe ist lang:

Brauchen wir noch so viele Briefträger, die Post physisch zustellen? So viele Taxi- oder Lkw-Fahrer, wenn erst mal selbstfahrende Autos unterwegs sind? Benötigen wir noch so viele Buchhalter oder klassische Sekretärinnen, wenn die Automatisierung von bürokratischen Abläufen und Kommunikation sich so rasant weiterentwickelt und vereinfacht? Brauchen wir noch so viele Verkaufsberater, wenn sich Produktinformationen durch entsprechende Anwendungen maßgeschneidert abrufen, vergleichen, abwägen, buchen und abrechnen lassen? Diese Liste kann man je nach Branche fast beliebig fortsetzen.

Diese Entwicklung ist für junge Leute relativ undramatisch. Dumm nur, wenn die eigene Berufstätigkeit der letzten 20 Jahre in so einem Beruf stattgefunden hat und der Weg zur Pensionierung noch weit ist. Ich habe beispielsweise viele Verlagsangestellte und Chefredakteure der klassischen Zeitungs- und Zeitschriftenverlage gesprochen, die schlichtweg sagten: «Die Anzahl der Jobs wird in diesem Bereich ja auch nicht mehr.» Die Eisscholle, auf der man steht, schmilzt. Genau darum geht es.

Die gute Nachricht: Natürlich entstehen parallel andere Berufe und Aufgabenprofile. Beispiele gibt es genug: Dass Programmierer in so vielen Branchen heute gesucht sind, hat schlichtweg damit zu tun, dass die Digitalisierung in alle Bereiche hineingreift und es Menschen braucht, die in der Lage sind, Anwendungen zu programmieren. Es braucht zunehmend Verkäufer, die in der Lage sind, aus Datenmengen Wissen und Erkenntnisse zu ziehen. Es braucht Teamleiter, die Programmierer organisieren und ihnen helfen, ihre Ziele zu erreichen. Es braucht Projektleiter, die in der Lage sind, komplexe Projekte mit vielen Interessensparteien erfolgreich zu steuern. Die Liste der neuen Anforderungen und Berufsbilder ist pro Branche lang und wächst täglich. Das ist spannend und bereichernd.

Die Frage in der Lebensmitte ist nun: Bin ich vorbereitet auf diese Art der neuen Anforderungen? Bekomme ich noch den Anschluss? Was bin ich bereit und in der Lage dafür zu tun? Will ich den Anschluss überhaupt?

Der Verlust des Arbeitsplatzes ist ein offensichtlicher Einschnitt, der nicht ignoriert werden kann. Es gibt aber auch einen schleichenden Prozess in der Lebensmitte, der nicht weniger gefährlich ist. Von Organisationen geht eine weitere Wirkung aus, die oft vor dem Verlust des Arbeitsplatzes steht. Hier muss man als Arbeitnehmer der Lebensmitte unbedingt wachsam sein und gut für sich selbst sorgen. Die Gefahr heißt:

3. Karrierestagnation statt lebenslangen Lernens

Die Karriere stockt für die meisten, die Mitte 40 sind. Trainings, neue Positionen, spannende Projekte, neue Aufgaben, die den Horizont erweitern, rücken für sie zu oft in weite Ferne und werden den Jüngeren angeboten oder durch Externe geleistet. Diese Jungen sind derzeit rar im Markt – umso mehr bemüht man sich um sie.

Dabei sind es – und das meine ich explizit als Kritik – oft die Organisationen, für die die Menschen arbeiten, die sie altern lassen. Und das macht sich gerade in der Lebensmitte schmerzlich bemerkbar. Die Gleichförmigkeit, Starrheit und Phantasielosigkeit der Karrieren nach

Mitte 40 lassen viele Menschen äußerlich und innerlich grau werden, wenn sie nicht selbst etwas tun. Und das meine ich explizit als Aufforderung.

Die einzige Idee, die Personalentwicklungen für Menschen in der Lebensmitte parat haben, ist die der Abfindung – und die führt vor allem raus aus der Position. Für Frühpensionierung und Altersteilzeit sind die Menschen noch zu jung. Mangels anderer Konzepte behandeln viele Unternehmen ihre Mitarbeiter in der Lebensmitte wie Cash-Cows. Man erntet und melkt die guten Arbeitsergebnisse, investiert aber kaum noch in die weitere berufliche Entwicklung dieser Menschen. Wenn dann die Qualität der Produktion oder die Geschwindigkeit nicht mehr nach Wunsch ist, wird der Arbeitnehmer sehr oft abgeschrieben: A F A – Abfindung, Frühpensionierung, Altersteilzeit.

Die Maßnahmen der Personalentwicklungen führen in der Regel nicht dazu, dass Erfahrung gewandelt und geadelt wird, beispielsweise durch die Ergänzung von neuem Fachwissen oder durch die Übertragung neuer Herausforderungen. Welches Unternehmen oder welche Vorgesetzten achten schon auf den Kompetenzzuwachs ihrer Mitarbeiter in der Lebensmitte, eine anhaltende Lernkurve und echtes Lifetime-Learning? Auch wenn lebenslanges Lernen so oft eingefordert wird.

Allein die Beobachtungskategorie «Mitarbeiter in der Lebensmitte» gibt es bisher gar nicht. Es wird in Hierarchiestufen gedacht, in Projekten, in Tarifgruppen. Lebensphasen sind in der Regel keine Kategorie der Personalentwicklung. Es sei denn, es geht um Berufseinstieg oder Berufsausstieg. Da agieren Personalentwicklungen nicht anders als die Gesellschaft. Die Lebensmitte findet einfach nicht statt. Stattdessen sollten Unternehmen ihre Cash-Cows besonders pflegen und ihre Leistungsfähigkeit und -bereitschaft durch passende Konzepte unterstützen, statt sie mit Stagnation und Langeweile zu traktieren.

Wie die Konzepte bezogen auf die jeweilige Branche und die dazugehörigen Berufsfelder aussehen können, bedarf einer individuellen oder maßgeschneiderten Konzeption. Es gibt keine Haurucklösungen und keine Patentkonzepte. Eine Arbeit, die sicherlich in den nächsten Jahren in den Human-Resources-Bereichen aufgenommen werden wird. Der demographische Wandel wird den Druck erhöhen, in die Mitarbeiter der Lebensmitte zu investieren, da junge Mitarbeiter in nur verhältnismäßig geringen Zahlen nachwachsen. Die Mitarbeiter der Lebensmitte sind in dieser Situation ein nicht zu unterschätzendes, in gewisser Weise brachliegendes, unterinvestiertes Kapital.

Eine Geschichte von der beruflichen Sackgasse

Mit 34 wird Barbara in ihrem Betrieb, einem Handelsunternehmen, der Job der Ausbildungsleiterin angeboten. Die Aufgabe, bei der sie mit jungen Leuten zusammenarbeiten kann, sagt ihr spontan zu. Barbara absolviert die Ausbildungen und Zertifikate der Handelskammer, die man als Ausbildungsleiterin machen muss, und fängt an. Sie macht den Job gerne, verlässlich, engagiert, fröhlich, betreut einen Jahrgang Azubis nach dem nächsten. Das Haus wandelt sich, neue Geschäftsführer kommen und gehen. Doch für Barbara bleibt der Job immer gleich. Über Jahre. Das Unternehmen sucht und engagiert zunehmend junge Nachwuchskräfte, die studiert und einen Bachelor gemacht haben oder einen dualen Studiengang absolvieren. Die Zahl der Auszubildenden geht merklich zurück. Inzwischen kann Barbara auf 15 Jahre Berufserfahrung zurückschauen und ist selbst 49 Jahre alt. Viele Kollegen und Kolleginnen im Haus kennt sie noch als Azubis. Bei der geringen Anzahl der neuen Azubis braucht es jedoch keine eigene Leitungsposition mehr. Die Frage, wie es mit Barbara im Unternehmen weitergehen kann, ist schwer zu beantworten. Schaut man auf ihre Vita, ist viel Erfahrung zu sehen, aber wenig Entwicklung. Barbara hat sich eingerichtet und das Unternehmen nicht hingeschaut. Keiner hatte im Blick, dass hier eine kompetente Person sitzt, deren Karriere zunehmend in die berufliche Sackgasse führt. Hemmende Stagnation nenne ich das. Mit 49 ist man zu jung, um ausgebucht zu werden mit Frühpensionierung oder Altersteilzeit. Also wird es eine betriebsbedingte Kündigung mit der Fortzahlung des Gehaltes für 12 Monate. Barbara steht vor einem beruflichen Neuanfang in ihrer Lebensmitte. Finanziell abgepuffert, aber persönlich sehr hart gelandet.

Meine Coaching- und Beratungspraxis zeigt mir: Kaum eine Organisation hat berufliche Stagnation auf dem Schirm oder fühlt sich dafür wirklich verantwortlich. Trotzdem wäre es zu kurz gegriffen, die Ursache nur auf Unternehmensseite zu suchen. Es sind auch die Arbeitnehmer, die sich der Idee des lebenslangen Lernens nur widerwillig oder wenn, dann nur oberflächlich stellen wollen.

Das ist nicht vollständig irrational, sondern durchaus verständlich und nachvollziehbar. Es fordert Einsatz, zeitliche Investition und das Überschreiten der eigenen (fachlichen) Komfortzone. Meine Meinung dazu: Es wird für den, der nicht dazu bereit ist und unbeweglich verharrt, in der Lebensmitte wirklich ungemütlich. Um es mit einer sehr alten Redensart zusammenzufassen: Sich regen bringt Segen.

Neben der Karrierestagnation beobachte ich in meiner Coachingpraxis noch ein weiteres Phänomen, das in der beruflichen Lebensmitte besonders schwer wiegt:

4. Zu viel des Guten: Arbeitsverdichtung

In vielen Bereichen muss heute mehr Arbeitsvolumen von weniger Personen geleistet werden. Von der Pflegekraft im Altenheim bis zum Chemiker in der Forschungsabteilung. Die Arbeitsverdichtung, die Anforderung, mehr Aufgaben in der gleichen Zeit zu übernehmen, wächst enorm. Zeitliche Reserven im Arbeitsalltag schmelzen dahin. Technische Neuerungen und Systeme ermöglichen mehr Arbeitsvorgänge, also mehr Volumen zu bewältigen als früher. Gleichzeitig bleiben die Aufgaben in ihren Gestaltungsmöglichkeiten und im Handlungsrahmen starr. Es ist in der Regel einfach mehr Arbeit geworden, dazu kommen oftmals noch abstimmungsintensivere und komplexere Aufgaben. Diese Verdichtung wird in der Regel nicht als erfüllend erlebt im Sinne einer Kompetenzerweiterung. Es ist lediglich mehr vom Gleichen. Diese Verdichtung nicht steuern zu können, sondern nur fremdgesteuert zu sein, frustriert viele in der Lebensmitte noch mehr als jüngere Mitarbeiter zwischen 30 und 35 Jahren. Fremdgesteuerte Arbeitsverdichtung macht erst müde, dann sehr müde und brennt manche schließlich aus.

Die Arbeitsverdichtung kommt in der Regel nicht über Nacht. Es sind kleine Schritte. Ein Kollege geht und wird nicht ersetzt. Neue Aufgaben kommen hinzu, aber der Katalog der bisherigen Anforderungen wird nicht entlastet. Es werden mehr Ansprechpartner zum gleichen Thema als vorher. Die Abstimmungsbedarfe nehmen zu, Systeme nehmen Arbeit ab, wollen aber auch gepflegt und mit Information gefüttert werden. Diese Anforderungen sucht man sich in der Regel nicht aus, sondern sie kommen von außen. Man wühlt und wühlt vor sich hin. Ackert. Tut. Erledigt. Hakt ab. Macht. Täglich.

Eine Geschichte von der Arbeit am Limit

Da ist Matthias, Teamleiter bei einem Vertriebsdienstleister. Er und seine Mannschaft betreuen das Alltagsgeschäft ihrer Kunden. Sie planen die Marketingaktionen, erstellen die Werbemittel mit den Werbeagenturen, pflegen die Abrechnungssysteme mit Daten und Artikelnummern, werten die Aktionen aus, optimieren daraufhin die Aktionen für das nächste Mal – und wieder von vorne. Sie sind erfahrene Kollegen. Die Geschäftsführer akquirieren ein neues Mandat, es kommt also noch ein neuer Kunde dazu. Gleichzeitig geht eine Teamkollegin weg und wird nicht ersetzt. «Machen Sie das bitte vorläufig

*noch mit», wird Matthias gebeten. «Vorläufig» dauert jetzt schon
sechs Monate. Eine neue Kollegin, die die alte ersetzt, ist nicht in Sicht.
Das Budget dafür ist auch noch nicht freigegeben. Arbeitsverdichtung:
Weniger Kollegen arbeiten ein steigendes Volumen weg. Man lässt
schon nichts vom Tisch fallen, ist routiniert, erlaubt sich keine Fehler,
aber trotzdem, die Arbeitsintensität nimmt zu, das merken auch alte
Hasen. Der Zeitpuffer im Alltag ist schon lange aufgebraucht und mit
Aktivität aufgefüllt. Es wird immer am Limit gearbeitet. Arbeitszeiten
sind nur mit Krampf und harter Abgrenzung, wenn überhaupt, einzu-
halten. Spaß macht das keinem im Team mehr.*

*Irgendwann reift der Gedanke, dass diese dauerhafte Arbeitsintensi-
tät und -belastung nicht alles im Berufsleben sein kann und dass man
dieses Tempo nicht noch 15 Jahre so aushalten will und kann.*

Wenn das mein Job mit seinen Anforderungen ist – will ich ihn noch?
Das ist ein anderer Arbeitsplatz als der, den ich mit meinem Arbeitsvertrag unterschrieben habe. Kann ich den neuen Deal so akzeptieren?
Das sind Fragen, die sich viele Menschen in der Lebensmitte leise stellen und die sie mir gegenüber oft erstmalig laut aussprechen.

Doch in all diesem Tun der Arbeitsverdichtung gibt es neben der
Belastung noch ein anders gelagertes Phänomen:

5. Geschäftige Langeweile

Gefährlich ist auch das «Boreout-Syndrom», wie es in der Fachlitera-
tur genannt wird. Die Menschen sind gelangweilt von ihren Aufgaben,
die sich nicht ändern. Viele fühlen sich latent unterfordert, obwohl sie
viel zu tun haben. Das, was aber auf ihren Tischen liegt, langweilt sie
sehr. So sehr, dass sie es zwar dank ihrer Erfahrung schaffen können,
aber extrem viel Potenzial liegenbleibt, an das das Unternehmen nicht

rankommt, wenn es nicht bewusst gefördert wird. Es gibt Mitarbeiter, die kündigen ausschließlich innerlich, weil sie sehr wohl wissen, dass karrieretechnisch nicht mehr zu erwarten ist von ihrem Unternehmen und es im Markt enger wird, neue Aufgaben zu finden. Sie haben sich von ihrem Beruf oft mehr erwartet: an Selbstverwirklichung, an Anregung, an Anerkennung, an Entwicklung finanzieller, hierarchischer und inhaltlicher Natur. Sie bleiben, sie harren auf ihren Positionen aus. Nicht selten werden sie häufiger krank – und manchmal leider auch zynisch. Dann heißt es: «Tja, der ist auch nicht mehr der Jüngste.» Das hat in meinen Augen nichts mit dem biologischen Altern zu tun, sondern damit, dass die Rahmenbedingungen krank machen und die Leute sich eine Auszeit holen. Denn krank zu sein ist ein legitimer Grund für eine Pause. Krankmachende Langeweile nicht.

Eine Geschichte vom Überdruss

Simone ist Kundenbetreuerin mit jahrelanger Erfahrung. Sie schüttelt Kostenvoranschläge, Timings und Präsentationen für das Kundengespräch nur so aus dem Ärmel. Sie sagt, sie hört sich schon selbst sprechen bei den Kundenterminen, so in Fleisch und Blut sind ihr die ewig gleichen Argumentationsketten übergegangen. Sie weiß, was der Kunde gleich sagen wird, was dann ihr Chef sagt, was sie dann sagen muss. Die Erfolge erscheinen schal und im Prinzip uninteressant. Es ist viel los, aber es ist geschäftige Langeweile. Wie komme ich hier raus?, fragt sich Simone.

Alle drei Phänomene – hemmende Stagnation, fremdgesteuerte Arbeitsverdichtung oder geschäftige Langeweile – treffe ich häufig in den Schilderungen meiner Coachees in der Lebensmitte an.

Was folgt daraus?

Die Entwicklungsstagnation ist ein großes Problem für die Mitarbeiter – allerdings auch für die Unternehmen. Es fehlen zunehmend Fachkräfte, und es wird viel Geld für das Recruiting neuer Mitarbeiter ausgegeben. Das Potenzial der eigenen, teils langjährigen Mitarbeiter wird dagegen selten konsequent gesehen und entwickelt. Natürlich gibt es bereits viele sehr gute Personalentwicklungsmaßnahmen. Sie konzentrieren sich jedoch meist auf junge Arbeitnehmer, auf die High-Potentials der ersten fünf bis acht Berufsjahre und auf Führungskräfte. Für die jungen Arbeitnehmer stellt man Tischkicker und Sitzsäcke auf und hat noch eine gute Kaffeemaschine parat. Man bemüht sich zunehmend, den Bedürfnissen der Millennials oder der Generation Y gerecht zu werden, um als Arbeitgeber attraktiv zu sein. Selten hat das Unternehmen aber die Arbeitnehmer im Blick, die in der Lebensmitte stehen und seit Jahren verlässlich und scheinbar zufrieden ihren Job machen.

Die Unternehmen unterschätzen und übersehen in der Regel diese Altersgruppe und ihr Potenzial: Sie sind der solide, fast unsichtbare Mittelbau, auf dessen Loyalität und Mitarbeiterbindung man zählt. Man weiß, diese Mitarbeiter haben Hypotheken auf Haus und Hof und sind im Prinzip zufrieden in der Position, in der sie sich jetzt befinden. Und überhaupt: So viele neue Stellen gibt die Hierarchie gar nicht her! Wo soll man denn mit denen noch hin? Man vermutet keine größere Unzufriedenheit und mehr Bedürfnisse als die jährliche Frage nach mehr Geld. Welch Trugschluss!

In den alljährlichen Mitarbeiterentwicklungsgesprächen, von denen mir Coachees berichten, wird oft viel geredet, aber wenig entwickelt. Dem Wunsch nach Entwicklung wird mit viel Glück durch ein Seminar nachgekommen. Die Forderung nach mehr Gehalt wird abgeschmettert mit dem Hinweis darauf, dass sich ja an der Aufgabe nichts geändert habe. Das war es dann auch mit der Entwicklung. Das lässt mich aufhorchen.

Für die Personalarbeit liegt hier meiner Beobachtung nach ein noch unerschlossenes, aber attraktives Potenzial. Denn jedes Unternehmen entwickelt – je nach Ausgangsbasis der Altersstruktur der Mitarbeiterschaft – über kurz oder lang eine Gruppe von «Midlifern». Es sollte im Unternehmensinteresse liegen, von diesem bestehenden Personal die bestmögliche Leistung zu bekommen. Was ist zu tun, um dieser Mitarbeitergruppe weiteres Lernen zu ermöglichen, ihre Erfahrungen gewinnbringend für das Unternehmen einzubringen, sie aus der Stagnation zu locken oder diese zu verhindern, ohne ihr einen klassischen Aufstieg in der Hierarchie anbieten zu können?

Patentrezepte für alle Branchen, Unternehmensgrößen und Aufgabenfelder gibt es nicht. Wie immer im Feld der Organisations- und Personalentwicklung muss sich die Konzeptionsarbeit an den Herausforderungen des spezifischen Unternehmens orientieren. Es gilt, im ersten Schritt zusammen mit den Verantwortlichen der Human-Resources-Bereiche die Zielvorstellungen, Aufgabenstellungen und möglichen Handlungskorridore des Unternehmens abzuklopfen.

Die Suchfrage für die Konzeption ist: Welche Programme oder Angebote können die Interessen der Midlifer berücksichtigen und dabei gleichzeitig einen relevanten Mehrwert für das Unternehmen bringen? Es geht ja nicht darum, ein Beschäftigungsprogramm für irgendwie gelangweilte Mitarbeiter zu gestalten, die nicht wissen, wohin mit ihrer Erfahrung. Es gilt, bei der Konzeption zwingend einen wertschöpfenden Vorteil für das Unternehmen zu schaffen. Ein «gutgemeintes» Projekt wird niemand unterstützen, wenn es nicht den (wirtschaftlichen) Interessen der Organisation dient. So ein Programm hätte – wenn es überhaupt zustande käme – nicht lange Bestand.

Folgende Suchfelder sind interessant und seien hier nur kurz exemplarisch skizziert:

MIDLIFER SUCHEN NACH SINN IN IHRER ARBEIT – stärker als je zuvor. Sie brennen für gute, sinnstiftende Arbeit.

Warum nicht darüber nachdenken, wie man diesen Sinn in der Alltagsarbeit oder parallel dazu stärker herausheben oder verankern kann? Welche Engagements des Unternehmens oder des einzelnen Unternehmensbereichs könnten von Mitarbeitern mitgetragen oder entwickelt werden? Einige CSR-(Corporate Social Responsibility-)Konzepte setzen hier an – selten aber mit dem Fokus auf Midlife-Mitarbeiter.

Wie unterstützt das Unternehmen individuelles, sinnstiftendes Engagement, das eine befriedigende Ergänzung zur Erwerbsarbeit darstellt? Kann zum Beispiel ein Abteilungsleiter guten Gewissens eine Jugendfußballmannschaft trainieren, oder muss er sich für das Training vom Arbeitsplatz wegschleichen, weil er sonst schief angeguckt wird?

MIDLIFER WOLLEN WEITER LERNEN UND IHREN HORIZONT ERWEITERN. Sie kennen sich in ihrem angestammten Feld bestens aus – eine Erweiterung ist für sie attraktiv, wenn man sie dabei unterstützt. Warum nicht über Austausch- oder Hospitationsprogramme mit Lieferanten oder Kunden nachdenken, um deren Anforderungen und Arbeitsweisen besser kennenzulernen? Bessere Kundendienstleistungen und Serviceprodukte könnten ein Ergebnis und Wettbewerbsvorteil sein.

MIDLIFER KÖNNEN WERTVOLLE BERUFS- UND FACHERFAHRUNG WEITERGEBEN. Natürlich an jüngere Arbeitnehmer, aber auch an Mitarbeiter in anderen Fachbereichen des Unternehmens oder außerhalb des Unternehmens, wie Zulieferer oder Kunden. Der Austausch ist dabei keine Einbahnstraße. Midlifer profitieren auch von der Sichtweise und den Erfahrungen der anderen Seite. Welche intelligenten Austausch- und Arbeitskonzepte liefern hier Mehrwert für konkrete Projekte und nicht nur ein «Schön, dass wir darüber geredet haben»?

**MIDLIFER WÜNSCHEN SICH OFTMALS ANDERE RAHMEN-
BEDINGUNGEN IHRER ARBEIT.** Dazu gehören kürzere Entschei-
dungswege, sichtbareres Ergebnis ihres Tuns, inspirierende Teams,
Teilzeitmodelle, mehr Luft zum Atmen.

Welche geschäftsrelevanten Projekte und Pilotprojekte gib es, die
speziellen Taskforces – zum Teil mit Midlifern besetzt – übertragen
werden können? In Organisationen entstehen solche Projekte regelmäßig. Bei der Besetzung der Personen wird in der Regel aber nicht darauf
geachtet, für wen dies eine Entwicklungsmöglichkeit darstellen könnte. Es trifft meistens und nachvollziehbarerweise die leistungsstarken
üblichen Verdächtigen der eigenen Abteilung, da die Verantwortlichen
die anderen interessanten und interessierten Player im Unternehmen
nicht kennen. Oder sie können deren Eignung nicht einschätzen.
Außerdem ist das Abwerben von Mitarbeitern intern verpönt – und
sei es nur auf Zeit oder für ein Projekt. Zudem liegt die Personalentwicklung von Mitarbeitern außerhalb des eigenen Bereiches gar nicht
in der Verantwortung und dem Interesse der jeweiligen Vorgesetzten.
Es müsste dabei auch die Frage beantwortet werden, wie die entsen-
denden Abteilungen und deren Vorgesetzte wiederum mit der Lücke
zurechtkommen, die entstehen kann.

Die Hürden sind also vielfältig strukturell angelegt. Kein Wunder, dass dies nicht von allein passiert. Es braucht die Einsicht und
den Willen der Organisationsführung, hier mit passenden Konzepten
dafür zu sorgen, dass Midlife-Mitarbeiter adäquat gefördert werden.
Nicht aus Menschenfreundlichkeit, sondern um ihre Erfahrungen und
Potenziale für das Unternehmen nutzbar zu machen.

Der Aufbau eines internen Pools von Interessierten und einer ver-
sierten Vermittlung von Midlifer-Mitarbeitern, die für Projekte infrage kommen, ist interessant. Hier könnte die Personalabteilung der
richtige Moderator zwischen Angebot und Nachfrage sein.

Es bedarf also präziser Konzeptionsarbeit, um einen Mehrwert für das Unternehmen zu schaffen. Mithilfe von Pilotprojekten kann man austesten, was funktioniert und was nicht. Dies ist eine Hürde, da es einen gewissen Aufwand bedeutet. Aber sie ist meiner Erfahrung nach kein Hindernis, um das Potenzial der Mitarbeiter in der Lebensmitte zu heben. Im Gegenteil: Es ist noch teurer für das Unternehmen, nicht aktiv zu werden.

Was haben wir nun vor uns? «Deine Firma meint es gut mit dir» versus Kündigung, Karrierestagnation, Arbeitsverdichtung und geschäftige Langeweile.

Wessen Problem ist das jetzt? Das des Unternehmens oder das der Arbeitnehmer in der Lebensmitte?

Entwickle dich selbst, sonst entwickelt dich keiner

Es gibt zunehmend mehr Menschen, die erkennen, dass sie weder von ihren Chefs noch von ihrem Unternehmen Hilfe erwarten können, ihre eigene Entwicklung voranzubringen auch jenseits der 45. Ein Aufbruch ist fällig – wenn nicht überfällig. Und zwar aus eigenem Antrieb. Es kommt in der Lebensmitte massiv darauf an, die eigene berufliche Entwicklung im Blick zu behalten und aktiv etwas dafür zu tun. Jeder ist sein eigener Personalentwickler.

Die Themen, denen man sich stellen muss, sind: Woran habe ich Freude, was bedeutet mir etwas? Was kann ich gut, was entspricht mir (inzwischen)? Was braucht der Arbeitsmarkt die nächsten Jahre? Was bringe ich an Gaben, Fähigkeiten und Erfahrung mit? Welches Risiko bin ich bereit einzugehen durch eine Veränderung? Welches Risiko kann ich auf Basis meiner finanziellen Verpflichtungen eingehen?

Das sind alles Überlegungen, die wir mit unserer ersten Berufswahl hinter uns geglaubt haben – sie stellen sich nun de facto neu.

Es gibt daneben sechs Themenfelder, über die wir uns in der beruflichen Lebensmitte Gedanken machen müssen. Dabei ist es hilfreich, die Fragen voneinander getrennt zu betrachten, jede Frage für sich zu beantworten. Erst dann sollte man die Antworten zu einem Gesamtbild zusammenführen und erste Erkenntnisse für sich daraus ziehen.

Es geht erst mal darum zu identifizieren, in welchem Aspekt der beruflichen Arbeit sich etwas ändern soll. Wo genau liegt die Unzufriedenheit – wo passen der Job und ich nicht mehr zusammen? Was von dem, was ich beruflich aktuell mache, ist gut, wie es ist, und soll bewahrt werden? Was genau soll sich aber ändern?

Folgende Themenfelder lohnt es sich zu beleuchten:

Was interessiert Sie inzwischen wirklich?

Womit beschäftige ich mich inhaltlich bei meiner Arbeit? Macht mir das noch Spaß? Welcher Teil davon ist noch interessant oder ist mir wichtig, welcher aber auch nicht, weil er sich überlebt hat? Wie definiere ich Sinn und Erfolg für mich inzwischen? Was oder welche Themen sind mir möglicherweise wichtiger geworden?

Sonja, eine 43-jährige Produktmanagerin, sagt mir: «Mir sind mehrheitlich die Produkte meines Unternehmens egal geworden. Weil es auch ohne diese Produkte geht, weil sie einfach nicht wirklich wichtig sind. Außer für das Bruttosozialprodukt des Landes oder für den Gewinn des Unternehmens, also um Geld zu verdienen. Was mir nie egal war, sind die Menschen, mit denen ich zu tun habe. Sie zu führen hat mir immer Spaß gemacht!»

Lernpotenzial und Lernkurve: Wie sieht meine aktuelle Lernkurve aus und was, zu welchen Themen will ich, muss ich dazulernen, wenn ich mich inhaltlich weiterentwickeln will? Welche Erfahrungen will ich machen?

Welche Rahmenbedingungen suche ich jetzt, um zufrieden arbeiten zu können? Wünsche ich mehr Teamarbeit – oder gerade das Gegenteil, also unabhängigere, selbständige Arbeit für mich? Brauche ich flexiblere Arbeitsbedingungen, brauche ich mehr oder gerade weniger Arbeitsstunden am Tag oder in der Woche? Will ich weiterhin die Möglichkeiten eines großen Konzerns nutzen, oder lähmt mich gerade die Größe und Komplexität eines Großunternehmens, und ich finde ein kleines, wendigeres Unternehmen jetzt attraktiver?

Jacob ist 41 und Außendienstler, der naturgemäß viel unterwegs ist: «Mir ist und wird es oft zu eng. Zu wuselig. Die vielen Menschen, denen ich täglich begegne, aber mit denen ich nicht viel zu tun habe. Die Kakophonie der unbedeutenden Eindrücke und Inhalte, die ich während eines Arbeits- und Reisetages nebenbei unfreiwillig einsammle: in Flughäfen mit ihren Shopping-Meilen, in den Meetings der Großkunden, auf unseren Management-Konferenzen. Ich genieße das nicht mehr. Es ist zu viel Unbedeutendes, zu wenig echter Austausch für mich. Früher hat mich das nicht gestört. Im Gegenteil, ich fand das Reisen aufregend und die Eindrücke eine Bereicherung. Diese Reiserei ist inzwischen reine Lebenszeitvernichtung. Jede Übernachtung weg von meiner Familie ist eine Zumutung. Ich möchte mit mehr Ruhe in meiner Stadt sein und dort arbeiten.»

Welche Rolle spielt eigentlich Geld?

Wie zufrieden bin ich finanziell mit dem, was ich aktuell tue? Komme ich auf keinen grünen Zweig? Oder verdiene ich viel oder zumindest genug, bin aber dennoch inhaltlich unzufrieden, weil wichtige andere Aspekte fehlen?

Carsten ist Psychologe, 44, bestens ausgebildet und arbeitet im sozialen Bereich mit Jugendlichen. Es nervt ihn, dass sein Einkommen bei dem sozialen Träger, für den er arbeitet, so gering ist, dass er trotz guter Qualifikation, bester Zusatzausbildungen und fachlicher Anerkennung seiner Arbeit finanziell nicht wirklich weit kommt. Eigentlich ist er nicht geldgetrieben, wie er sagt. «Aber jetzt bin ich schon so lange dabei und kann mir immer noch keine anständig große Wohnung für mich und meine Familie leisten. Das ist irgendwie frustrierend.»

Wann ist ein guter Zeitpunkt, um sich zu bewegen?

In der Regel: jetzt. Es ist sehr sinnvoll, sich auf Veränderungen in der beruflichen Lebensmitte vorzubereiten, zeitlich also auch schon weit davor. Ich rate jüngeren Arbeitnehmern häufig dazu. Zum Beispiel finanzielle Reserven für eine Übergangszeit zwischen der alten Aufgabe und dem neuen beruflichen Umfeld anzulegen. Es lohnt sich, Fortbildungen zu machen, auch wenn noch nicht hundertprozentig klar ist, ob und was man damit macht. Meine Coachingausbildung war zum Beispiel die Basis für den Wechsel vom Verlag in die Organisationsentwicklung. Ich habe sie bereits zwei Jahre vor meinem Start als Organisationsberaterin abgeschlossen. Das gilt für jedes Interessenfeld, das einen umtreibt und die eigenen beruflichen Möglichkeiten in der Lebensmitte erweitert. Denn: gut, wenn der Zeitpunkt für eine fällige und notwendige Veränderung auf vorbereiteten Boden fällt.

Wer hilft mir, meine Pläne voranzubringen?

Wer etwas ändern möchte, sollte unbedingt auf sein Unternehmen zugehen und sondieren, was möglich ist. Wo besteht die Möglichkeit, sich neues, spannendes Wissen anzueignen und interessante Projekte und Aufgaben zu übernehmen? Wo wäre ein Aufgaben- oder Positionswechsel quer in der Hierarchie möglich? Habe ich meinen Chef ausreichend – im Zweifel mehrfach – wissen lassen, wozu ich noch in der Lage wäre, wenn man mich ließe? Ermöglicht mein Unternehmen ein Sabbatical, das ich für mich und meine Weiterentwicklung nutzen könnte? Wissen die relevanten Entscheider, dass ich wirklich daran interessiert bin, mich weiterzuentwickeln? Auch Chefs können keine Gedanken lesen. Sie denken: «No news are good news.» Wer nichts sagt, ist zufrieden.

Wen kenne ich, der mir helfen kann, neue Perspektiven zu entwickeln? Wer hat Informationen über das neue Feld, das mich interessiert? Wer hat sich im Umfeld selbständig gemacht und kann erste Fragen beantworten? Wo finde ich Informationen, die mir helfen, mich in neue oder ergänzende fachliche Gefilde vorzutasten? Was kann ich im Rahmen eines kleineren Seminars schon mal austesten? Wo einen Vortrag hören? Ist eine Hospitation möglich? (Siehe Navigator, Wegweiser #41: «Versuchen Sie sich im erkundenden Handeln» und Wegweiser #23: «Das Beuteschema für gute Gesprächspartner».)

Auch beim beruflichen Aufbruch muss abgewogen werden, ob man festhalten und die Situation positiv verändern kann oder ob man loslassen sollte und ein neuer Anfang notwendig wird (siehe Navigator, Wegweiser #36: «Wo ist vorne?» und Wegweiser #38: «Was hält mich zurück, Dinge zu verändern?»).

Unsere Arbeit ist so viel mehr als Broterwerb. Sie ist die Drehscheibe unseres Alltags. Unsere Arbeit ist zu wichtig, um die eigene Zukunftsentwicklung anderen zu überlassen.

Irrtum: Deine Firma meint es gut mit dir.

Korrektur: Du bist die Firma. Sei gut zu dir und sei dein eigener Personalentwickler.

IRRTUM 9:
WIR SIND FÜR DICH DA

Selten waren wir so eng mit anderen Menschen vernetzt und verbunden wie heute. Wir sind umgeben von Freunden, Familienmitgliedern, Nachbarn, «Freukannten» – einer Mischung aus Bekannten und Freunden, Kollegen oder Vereinsfreunden. Wer mag, kann alle über die sozialen Netzwerke verbinden und sie so via Facebook, Twitter, Instagram oder WhatsApp über sein Leben auf dem Laufenden halten. Der Kreis, mit dem wir verbunden sind, wird stetig größer. Dank der digitalen Konservierung der Kontakte fällt kaum einer richtig weg – wir konservieren unsere Verbindungen lange, nachdem sie das Haltbarkeitsdatum überschritten haben.

«Der Typ ist gut vernetzt!», «Die haben gute Connections», «Die hat einen riesigen Freundeskreis»: Das sind positiv gemeinte Aussagen über Menschen, die mit mehreren hundert Menschen so verbunden sind. Natürlich ist uns klar, dass dieses Netzwerk kein enger Freundeskreis ist. Es ist uns bewusst, dass dies nicht die Menschen sind, denen wir uns anvertrauen werden, wenn uns wirklich wichtige Fragen umtreiben. Wir wähnen uns dennoch gut aufgehoben in unserem Familien- und Freundesnetzwerk. Wenn es mal eng wird, denken wir: Ich kenne so viele Leute. Wofür sind Freunde da?

Der erste Reflex von vielen Menschen – speziell, wenn ein heftiges Ereignis passiert ist wie zum Beispiel eine Trennung, der Jobverlust oder eine schlimme Diagnose beim Vater – ist folgender: Sie melden sich bei ihren Freunden. Natürlich. Rufen an. Erzählen. Manchmal halbe Nächte durch. Sie diskutieren mit ihren Freunden oder dem Bruder, der Schwester, dem Partner, was jetzt zu tun ist.

Sie werden, wenn es einigermaßen normal unter Freunden läuft, eingeladen, nachdem der Mann ausgezogen ist und sie alleine dasteht mit den Kindern. Die Freunde helfen vielleicht beim Umzug. Die Familie lädt zu Ostern ein, damit man nicht alleine ist. Vielleicht. Die meisten Freunde würden sagen: Du kannst jederzeit anrufen, wenn etwas ist.

Nur wann «ist etwas»? Die Großereignisse sind schnell umrissen und akzeptiert. Na klar, ruft man da an. Für die Kurzstrecke des ambulanten Schmerzes, der akuten, schnellen Fragen findet sich in der Regel immer ein Gesprächspartner im Freundes- oder Familienkreis. Die Langstrecke hingegen ist schwierig.

Veränderungen der Lebensmitte sind oftmals ein eher langsamer Prozess und gehen über mehrere Phasen (siehe Navigator: «Welche Phasen durchlaufe ich?», S. 179). Wie eine Schmetterlingslarve, die sich erst verpuppt, bis sie als Schmetterling schlüpfen kann.

Diese Entwicklungsprozesse kann man nicht wirklich – oder nur in Maßen – beschleunigen oder überspringen. Leider, so scheint es. Die eigene Ungeduld ist verständlicherweise groß. Betroffene möchten am liebsten, dass sich SOFORT etwas ändert. Wir sind es gewohnt, dass sich Dinge schnell ergeben, Resultate und Ergebnisse sichtbar werden. Warten ist unpopulär und ungewohnt geworden. Es gibt aber Themen, die entziehen sich dieser Logik der sofortigen Gratifikation. Dazu gehören Umbrüche in der Lebensmitte.

Wir merken also nach einigen Wochen oder Monaten, nachdem der erste Schock verarbeitet wurde, dass man eben noch nicht mit dem Thema durch ist. Manchmal sind es erst die Nachbeben nach dem ursprünglichen Ereignis, die uns wirklich erschüttern. Die Scheidungsverhandlungen sind beispielsweise noch heftiger, als die eigentliche Trennung. Wir haben die dritte Bewerbungsabsage in der Hand und realisieren, dass die Jobsuche in dieser Stadt ein zähes Unterfangen wird und kein leichter Durchmarsch. Nach der Krebsdiagnose des Vaters wird klar, dass sich nicht nur sein Leben, sondern auch das eigene dadurch dramatisch ändern wird.

Nur verständlich, dass man auf der Langstrecke dieser Entwicklungen ebenfalls das Bedürfnis nach Austausch hat. Nachvollziehbar, dass man sich in Zeiten, in denen so viel infrage steht, anlehnen möchte, an jemanden, der noch Boden unter den Füßen hat. Gedanklich oder physisch. Eigentlich logisch, dass man auf Freunde, Familie oder den Partner zugeht, um sich Rat zu holen. Im Gespräch die eigenen Gedanken und Ideen bewegen und prüfen will.

Nach der ersten Phase des Sichkümmerns, der empathischen Gespräche, der Nachfragen wird es jedoch langsam still im Freundeskreis und um einen herum. Wir merken, dass der Atem der anderen längst nicht so lang ist wie die Krise oder Entwicklungsphase, die wir persönlich durchlaufen. Wir realisieren, dass mit mancher Verbindung zu einem Menschen des persönlichen Netzwerkes eben keine echte Bindung einhergeht.

Die Lebensmitte wirft uns auf uns selbst zurück. Warum denn ausgerechnet, wenn wir ein großes Bedürfnis haben, uns auszutauschen, und die Hoffnung haben, Hilfe zu bekommen? Wir merken nun, dass Freunde oder Familie uns bei den wichtigen Fragen und Weichenstellungen, die vor uns liegen, nur sehr eingeschränkt zur Seite stehen können.

Wie das sein kann, ein Adressbuch voller Freunde zu haben, aber niemanden zum Reden, wenn es darauf ankommt? Eine Coaching-Kundin – Beate – schilderte mir sehr eindrücklich, wie es ihr erging.

Eine Geschichte vom Da-Sein

Im Gespräch klappert Beate gedanklich ihre besten Freunde ab, die ihr anfänglich durchaus gute Gesprächspartner waren, und schildert, wie diese gleichen Personen in der Langstrecke eben nicht mehr ansprechbar waren. Was sie erlebt, liegt nicht an Beate als Person oder an ihren Freunden. Was sie erlebt, ist aus meiner Beobachtung – so oder so ähnlich – kein Einzelfall.

Beate erzählt: «Ich will wirklich nicht larmoyant sein und klagen, ich habe viele Freunde – theoretisch. Aber keiner ist wirklich für mich da, wenn es darauf ankommt. Mein Kind ist natürlich auch nicht der richtige Adressat für meine Themen. Aber fangen wir mal der Reihe nach an: Ich habe eine Freundin Susanne, die mir lange Zeit eine treue Gesprächspartnerin war. Sie hat mich durch die wirklich fiesen, akuten Monate meiner Trennung getragen, als die überraschende Trennung von meinem Mann noch eine kleine Sensation im Freundeskreis war. Susanne ist Mitte 40, hat ebenfalls eine Familie, drei Kinder im Schulalter, Hund, Haus, ist berufstätig und zudem sehr sozial engagiert. Auch in Susannes Leben passierte viel. Ihre Mutter und auch der Vater ihres Mannes sind innerhalb kurzer Zeit gestorben. Ihr Mann pendelt unter der Woche beruflich in eine andere Stadt. Irgendwann trennte sich der Bruder von Susanne unter eher unschönen Umständen überraschend von seiner Frau. Natürlich hat sich Susanne um ihren Bruder und sein Kind, ihre Nichte, gekümmert. Seitdem ist Susanne allerdings kaum mehr ansprechbar für meine vielen Fragen, die ich noch gerne abendfüllend besprochen hätte. Sie ist absorbiert von ihrem eigenen Leben, hat einfach wenig Zeit und genug zu tun, auch ohne mich – mal objektiv gesehen. Ich verstehe das zwar – ich fühle mich aber ehrlich gesagt irgendwie abgehängt und allein gelassen.

Okay. Ich habe ja noch andere Freunde: Da ist meine Freundin Caroline, alleinerziehend wie ich auch und ebenfalls berufstätig. Eine eloquente, noch dazu sehr humorvolle Freundin. Das Problem mit Caroline: Sie ist berechenbar unzuverlässig. Sie taucht manchmal für Wochen einfach ab. Reagiert nicht auf Anrufe oder eine SMS. Dann taucht sie wieder gut gelaunt auf, und alles ist gut aus ihrer Sicht. Akuten Gesprächsbedarf über eine lange Strecke kann man bei ihr einfach nicht unterbringen.

Dann wären da noch Rolf und seine Frau Nina. Ein berufstätiges Pärchen ohne Kinder und – ohne Zeit. Die beiden sind ständig verplant und viel auf Achse, die Freundschaft läuft streng nach Terminplan. Spontanität: Fehlanzeige. Sie sind tolle, kluge Gesprächspartner, jedoch nicht die richtige Adresse, wenn der Mond mal wieder in die Suppe gefallen ist, wenn man gedanklich festhängt, im Kreis läuft und sich anlehnen möchte, sich alleine fühlt, vielleicht sogar einsam.

Tja, meinen eigenen Bruder gibt es noch: Er gestaltet sein Leben aber ohne mich. Ich bin allenfalls Randfigur und Gast. Es ist nicht so, dass er mich nicht mögen würde oder wir uns nichts zu sagen hätten – im Gegenteil. Er ist einfach nicht für mich da. Punkt.

Besonders habe ich es Weihnachten gespürt. Die letzten Jahre seit der Trennung durfte ich an Heiligabend bei ihm immerhin unterkriechen – ich habe es vorgeschlagen, und er und seine Frau haben es mir nicht abgeschlagen. So ein bisschen erinnert es mich an: ‹Wer nimmt Oma Weihnachten?› Irrsinnig. Würdelos. Fürchterlich. Ich bin nicht Oma. Mein Vorschlag dieses Jahr, der beinhaltet, dass ich Heiligabend alleine in Hannover ohne mein Kind sein würde, wurde schnell – schneller als sonst alles und ohne Rückfrage oder Gegenangebot – sehr freudig per Mail akzeptiert. Ehrlich von meinem Bruder. Bitter für mich. Aber ich weiß es schon längst, deshalb trifft es mich nicht. Es war der Lackmustest.»

Diese Geschichte von Beate und viele weitere, die ich gehört habe, zeigen: Auf der Langstrecke der Lebensmitte bröckelt es mächtig mit der Unterstützung im Freundes- und Familienkreis.

Es ist auch natürlich und nachvollziehbar, dass Freunde und Familienmitglieder zurückkehren zu ihrer Tagesordnung und nicht in permanenter Alarmbereitschaft sind. Alarmbereitschaft wäre auch gar nicht notwendig, so sagt mir Beate. «Aber es wäre schon schön, wenn man einfach anrufen könnte und gehört würde, wenn einem nach einem Gespräch und Austausch ist. Aber mein Bedürfnis danach und deren Bereitschaft oder Verfügbarkeit sind oftmals wie Königskinder.

Wir kommen nicht zusammen, oder es passt einfach nicht. Ich kann mich ja auch nicht aufdrängen. Dann bin ich gezwungen, eine gute Miene zu machen. Traurig bin ich trotzdem.»

Dies erlebt nicht nur Beate. «Wir sind für dich da» ist ein schönes, kuscheliges Versprechen – fast eine Verheißung. Aber sie stimmt eben nicht so absolut und zeitlich umfassend, wie es angesichts des Gesprächsbedarfs dringlich erscheint. «Wir sind für dich da» ist – so verstanden – ein Irrtum, der wehtut und der Enttäuschung verursacht, wenn man ihn nicht als solchen erkennt.

Es gibt meiner Erfahrung nach mehrere Gründe dafür, warum Menschen ohne bösen Willen eben nicht immer für ihre Freunde auf der Langstrecke der Lebensmitte da sind.

SIE SIND MIT SICH SELBST BESCHÄFTIGT: Die eigenen Freunde stecken meist selbst in der Lebensmitte. Ihr Leben ist ebenso facettenreich und voll mit Dingen, die Familie, Partner, Beruf und Kinder mit sich bringen. Die zeitlichen Reserven sind auch bei ihnen in der Regel überschaubar. Keiner hat Zeit, die Reflexionen der Lebensmitte der Freunde langfristig verlässlich auszutragen. Das ist bitter, aber verständlich, wenn man genauer darüber nachdenkt. Übrigens: Wir sollen nicht vor lauter (berechtigter) Eigenschau vergessen, unsere Freunde zu fragen, wie es ihnen eigentlich geht. Das ordnet und relativiert die eigenen Themen auch wunderbar für einen selbst.

SIE SIND ÜBERFORDERT: Es ist nicht so, dass Freunde immer eine Antwort auf unsere Fragen hätten und uns weiterhelfen könnten. Uns beschäftigen zum Teil Fragen, deren Antwort ein anderer gar nicht wissen kann, weil wir sehr spezifische Antworten für uns selbst entwickeln müssen. Die Antwort beispielsweise auf die Frage: Was ist jetzt wichtig geworden? Oder: Womit möchte ich mich in Zukunft vom Herzen her mehr beschäftigen? «Ich weiß es leider auch nicht. Das musst du selbst für dich entscheiden», hört man vielleicht ehrlicherweise als Antwort. «Ich bin für dich da» bedeutet noch lange nicht: «Ich löse das schwierige Thema für dich.» Auch wenn man das gerne hätte.

WIR SIND AN DER FALSCHEN ADRESSE: Ein weiterer Grund für das Ausbleiben von solidarischer Hilfe kann sein, dass das soziale Netzwerk, dem wir verbunden sind, für diese Art der Fragen nicht passt und deshalb nicht trägt.

Der Versuch, im eigenen sozialen Netzwerk, im Freundes- oder Familienkreis in der Lebensmitte (neuen) Halt zu finden, ist nicht unheikel. Man sehnt sich nachvollziehbarerweise nach neuer Zugehörigkeit, Bestätigung, Empathie, Wärme und Halt. Der Preis dafür kann jedoch sehr hoch sein, wie die nächsten beiden Geschichten zeigen.

Zwei Geschichten vom Anpassen und Verbiegen

Sören

Sören schildert es so: «Wichtig wurde, was bestimmte Leute dieses Freundeskreises sagten, nicht meine eigene Stimme. Ich passte mich an, damit ich dazugehörte und die Gemeinschaft nicht gestört wurde. Die Gruppe wurde – mal übertrieben gesagt – zum Götzen, mit ihren Meinungen, Wünschen und Statussymbolen im Kleinen und im Gro-ßen. Es war wie eine Gefolgschaft ohne Gegenargument. Das klingt wie eine Sekte, wenn ich es erzähle, aber für die Zugehörigkeit habe ich schon viel getan. Irgendwann habe ich erkannt, ich bin gar nicht so unabhängig, wie ich dachte. Ich bin im Gegenteil ziemlich bedürftig. Ich lechzte nach der Wärme des sozialen Feuers. Alles, was wir uns im Freundeskreis erzählt haben, hatte das Schau-mal-wie-toll-Ziel. Gar nicht mal, um damit anzugeben – das vielleicht auch –, sondern um gemocht, geliebt, geachtet und respektiert zu werden. Ich bemerkte

aber in der Krise, wie schnell man abgehängt werden kann. Wie löch-
rig dieses Netzwerk ist. Die Investition von Gefühl, Gedanken, Zeit,
Energie und Herzblut lohnt sich einfach nicht. Das Netz fängt mich
nicht auf, wenn es drauf ankommt.»

Juliane

Juliane erzählt: «Ich war in der schwierigen Zeit sehr bedürftig nach
Zuwendung und Anerkennung. Ich will mich aber nicht verbiegen
müssen, immer gut gelaunt und strahlend sein müssen, um geliebt
zu werden. Ich habe mich lange den Freunden angepasst, mit denen
ich zusammen war. Im Nachhinein sehe ich: Ich habe mich selbst da-
bei irgendwie aus den Augen verloren. Meine Bedürfnisse, auch in den
Freundschaften, sind andere geworden.»

Es ist nicht ungewöhnlich in der Lebensmitte, dass wir uns an unserem sozialen Netzwerk reiben. Unzufrieden sind. Fordern, aber nicht das bekommen oder finden, was wir uns wünschen.

Es ist daher oft Zeit für eine Veränderung im Freundeskreis: für neue Menschen, die neue Gedanken reintragen, die uns unterstützen und inhaltlich etwas zu sagen haben. Diese Abwägung muss man fein austarieren. Es geht nicht darum, Türen reihenweise zuzuschlagen und zu rufen: «Ihr seid alle doof!» Es geht darum, offener zu werden für Menschen und Kontakte, die das befeuern, was jetzt wichtig geworden ist. Wer tut mir gut? Wer ist eine gute Begleitung durch diese Phase und bereit, sich mit mir auf den Weg zu machen? Wer soll mein neues Leben bevölkern?

Ein anderer Grund, warum es schwierig sein kann, mit den eigenen Freunden ins Gespräch zu kommen, ist:

SIE HABEN ANGST. Es kann sein, dass man mit seinen eigenen Erlebnissen und Überlegungen an den Ängsten der Freunde rührt. Wie gut ist eigentlich meine eigene Ehe? Wie fest sitze ich in der Firma im Sattel? Nicht jeder findet es attraktiv oder interessant, sich damit und mit anderen Themen der Lebensmitte auseinanderzusetzen, sondern sitzt lieber mit einem Aperol Spritz in der Sonne. Wobei ich weder gegen Aperol Spritz noch gegen Sonne etwas habe. Im Gegenteil. Es kann also sein, dass auch diese Freunde sich von einem distanzieren, weil sie die Thematik der Lebensmitte nicht sehen oder besprechen wollen. Es ist ihnen einfach zu schwer. Zu kompliziert. Zu anstrengend. Auch so kann man denken. Die Nachdenklichkeit der Lebensmitte passt nicht in jeden Kreis, in jede Freundschaft rein.

Freunde werden also aus sehr unterschiedlichen Gründen über kurz oder lang ihrem Alltag und ihren eigenen Themen nachgehen. Das ist ihr gutes Recht. Was wir deshalb nicht tun sollten: böse sein oder Groll hegen. Die Freunde stecken wahrscheinlich selbst in der intensiven Lebensmitte.

Die klügere Strategie, um dennoch Unterstützung zu bekommen, ist, den jeweiligen Mitgliedern unseres Netzwerkes punktuell, dann aber deutlich und ernsthaft zu signalisieren, wenn wir Hilfe benötigen – und zwar auch konkret welche. Dann werden sich Freunde in der Regel dieser konkreten Hilfestellung nicht entziehen. Eine allgemeine, umfängliche Wir-sind-für-dich-da-Rufbereitschaft ist auf der Langstrecke unrealistisch. Mit der diffusen Hilfeanforderung «Mir geht es wegen X immer noch nicht so doll. Was soll ich nur tun?» tun sich Freunde schwer. Weil die akuten Hinweise und Tipps schon verbraucht sind, weil echte Weiterentwicklung nicht nur von außen kommen kann. Weil sie es auch nicht besser wissen als man selbst.

Freunde und deren Hilfe sind nicht immer auf Abruf da. Wir müssen lernen, Themen mit uns selbst auszumachen, uns selbst auszuhalten. Stille zu tragen. Wir müssen lernen, uns selbst zu helfen, wenn wir es nötig haben. Was tut mir gut, wenn ich niemanden habe? Wie tue ich mir selbst gut? (Siehe Navigator, Wegweiser #9: «Zeit für sich selbst schaffen» und Wegweiser #17: «Lassen Sie es sich gutgehen»). Der Aufbruch in der Lebensmitte ist in vielen Abschnitten einer, den wir alleine gehen müssen. Inmitten unseres Freundes- und Familienkreises.

Wir müssen lernen, unser Handeln selbst zu orientieren und zu steuern. Unser Netzwerk von Verbindungen zu Freunden, Familie und Bekannten, selbst dem Partner, kann erst dann helfen, wenn wir selbst wissen, was wir wollen und von ihnen erbitten können. Dann können wir um konkrete Hilfestellungen, eine Information, einen Rat oder eine Meinung bitten – alles andere überfordert, so zeigt die Erfahrung, Freunde und Familie und auch den Partner inhaltlich und zeitlich.

Spätestens in der Lebensmitte sind wir also unser eigener Navigator, Steuermann und Kapitän in einer Person. Dass wir im Wesentlichen alleine auf der Brücke stehen, erfreut uns oft, erschreckt uns aber auch immer wieder. Was möglich ist, ist, immer wieder Funkkontakt zu Freunden aufzunehmen. Wo nötig, sie punktuell als Lotse mit an Bord zu nehmen. Dann können wir quatschen, uns austauschen, diskutieren oder auch feiern. Aber Lotsen – und das wird uns jetzt klar – verlassen immer wieder das Schiff, früher oder später. So ist es wie nach einem Besuch: Wir bleiben allein verantwortlich auf der Brücke unseres Schiffes zurück. Roger. Over and out.

Irrtum: Wir sind immer für dich da.

Korrektur: Wir sind für dich da, wenn es uns passt.

IRRTUM 10:
DU BIST ERWACHSEN UND HAST ES IM GRIFF

Die Herausforderungen der Lebensmitte hinterlassen zuweilen eine Unmenge an schwierigen Gefühlen: Kontrollverlust, Verlassenheitsängste, Bindungslosigkeit, Existenzängste, Orientierungslosigkeit, Enttäuschung, Fassungslosigkeit, Erschöpfung und Überforderung.

Wir haben uns – so scheint es – nicht mehr im Griff. Das erschüttert unser Selbstbild und tut fast mehr weh als alles andere. Die Lebensmitte fordert uns heraus, neuen Grund zu finden auf Terrain, das wir zu kennen glaubten: unserem eigenen Lebensplan. Um neue Sicherheit zu finden, braucht es aktives Tun und die Lust, auszuprobieren und zu gestalten. Wir müssen mit uns und an uns selbst arbeiten. Wenn wir es nicht tun, dann tut es keiner.

In dieser Lebensphase ändert sich – manchmal schleichend, manchmal merklich – die alte, beständige Achse der Eltern-Kind-Beziehung. Wir merken: Unsere Eltern werden älter. Mama wird alles schnell zu viel. Papa war auch schon mal fixer im Kopf. Erst wundern wir uns. Fragen die Geschwister, ob sie das auch so erleben, ermahnen die Eltern zu mehr Aufmerksamkeit, mehr Energieeinsatz. Bis wir merken, das reicht nicht aus. Das kann schleichend so weitergehen – oder es passiert etwas, das die Koordinaten der bisherigen Beziehung deutlich verschiebt. Die Mutter wird als dement eingestuft oder zerfällt einfach körperlich schrittweise. Der Rücken, die Hüfte, die Arthrose lässt alles schwer und beschwerlich werden. Oder der Vater bekommt Parkinson, Krebs oder eine andere Krankheit. Wir übernehmen, wenn es gut läuft, stufenweise Aufgaben: die Bankgeschäfte, das Aufräumen der Garage. Wir merken, dass Papa dringend eine Fußpflege braucht, weil er es selbst nicht mehr schafft, oder neue Unterwäsche – oder, oder, oder.

Langsam nehmen wir wahr, dass sie nicht mehr die starken Eltern und Partner an unserer Seite sind. Die Stützen, auf die wir uns irgendwie immer verlassen konnten, auch wenn wir – so dachten wir – diese Stützen eigentlich nicht mehr brauchten. Die «Wir-sind-immer-für-dich-da-Pfeiler», die mit gemeinsamen Geburtstagsfeiern, Muttertagen, Ostern oder Weihnachten das Jahr in Abschnitte zum Andocken geteilt haben. Dieses bittersüße Andocken mit Heimatgefühl auf der einen Seite, aber auch der Gewissheit, wie anders wir unser Leben in Berlin, Frankfurt, Hamburg, Leipzig, München oder am anderen Ende der Stadt inzwischen führen und das auch gut finden.

Die Eltern, die uns mit Geschenken, Gedanken, Babysitting unterstützt haben. Sie kamen, wenn der Rasen gemäht werden musste. Kamen, wenn der Enkel krank war, wir aber zur Arbeit mussten.

Montags, nach einem Elternunterstützungseinsatz, fragen im Büro nun die Kollegen: «Na? Gut erholt am Wochenende?», und uns gefriert das Lächeln im müden Gesicht. Wir sollten erwachsen sein und alles im Griff haben. Aber de facto setzt uns dieser Rollentausch von Eltern und Kindern in der Lebensmitte ganz schön zu. Die Welt stellt sich langsam, aber absehbar auf den Kopf. Wir vermissen unsere starken Eltern. Vermissen das gemachte Nest als Zufluchtsort und ahnen, dass es kein Zurück gibt.

Nichts haben wir im Griff – wir sind hilflos angesichts der Hilflosigkeit der Eltern. Wir müssen uns Themen zuwenden, die wir überhaupt nicht auf dem Zettel hatten: Pflegestufen, Pflegeheime, Essen auf Rädern, Haushaltshilfen, Symptome und Therapien für die Krankheit X, deprimierte Eltern, der Versuch, den zweiten Elternteil zu unterstützen und moralisch aufrecht zu halten. Wir kennen uns auf einmal mit Insulindosen und Dosierungen von Schmerzmitteln aus, finden uns mit unserer Mutter auf dem Behindertenklo wieder, um ihr beim Toilettengang zu assistieren. Wir treffen unsere Geschwister auf Krankenhausfluren und in Arztpraxen, um im Arztgespräch zu verstehen, was wirklich los ist und wo es welche Hilfe gibt. Wir kümmern uns um Patientenverfügungen und geben Operationen frei.

Das sind verdammt erwachsene Themen. Das Gewicht wiegt unerwartet schwer. Tafelberg des Glücks? Der sieht für mich anders aus. Mensch, du bist doch erwachsen und hast es im Griff, so schallt es in uns. Was für ein Irrtum. Pustekuchen: ein Blatt im Wind. Durch den Wind. Scheiße.

Eine Geschichte vom kalten Wasser

Tina bekommt den Anruf aus dem Pflegeheim für Demenzkranke, in dem ihre Mutter seit drei Jahren lebt: «Die Nieren Ihrer Mutter versagen. Entweder wir beginnen mit Dialyse, oder der Körper vergiftet langsam, und sie stirbt. Eine Dialyse wird den Tod allerdings auch nur um ein paar Wochen hinauszögern können.» Tina wird klar: Ihre Mutter hat sie vor 37 Jahren ins Leben begleitet. Jetzt begleitet sie ihre Mutter in den Tod.

Ihre Schwester, ihr Vater, ihr Onkel, sie halten alle Wache. Tag und Nacht. Eine Matratze liegt im Zimmer auf dem Boden. Tina steht mehrfach nachts auf, um sie zu beruhigen, zu streicheln, ihre Hand zu halten. Den Unterarm ihrer Mutter auf ihren Unterarm zu legen. Hautkontakt, Wärme spüren. Nach zwei Wochen Wache an ihrem Bett ist es so weit. Tina hat ihr «Der Mond ist aufgegangen» vorgesungen. Ihr sind die gesprochenen Worte ausgegangen.

Ihre Mutter nimmt mehrere Atemzüge nacheinander – als wolle sie abspringen. Schnell nimmt Tina ihre Hände. Ihre Mutter drückt zu und hört auf zu atmen.

Du bist erwachsen und hast es im Griff.

«Ich will meine Mama zurück.» So wie Tina es sagt, versteht man diese erwachsene Frau, die bis eben tatsächlich noch jemandes Kind war, sofort.

Auf den Tod der eigenen Eltern wird in der Gesellschaft natürlich mit Empathie reagiert. Pietätvoll in der Regel. Die Anteilnahme hört jedoch meist schon kurz nach der Beerdigung auf. Was soll man denn noch groß sagen? Sicher, das ist viel Arbeit, so eine Wohnung aufzulösen. Und: wohin mit dem Kram? Ja, schwierig. Und man wechselt möglichst geräuschlos das Thema.

Mutter oder Vater sind gestorben. Die Geschäftigkeit kurz nach dem Todestag ist das eine. Hier zeigen wir uns in der Regel tatsächlich handlungsfähig und haben die Dinge im Griff. Spannend wird es in den Monaten und Jahren danach. Die Beerdigung ist vorbei. Der Haushalt aufgelöst. Der Papierkrieg mit Behörden, Versicherungen oder Stromversorgern abgeschichtet. Wir ertappen uns, wie wir versuchen, das Band zu halten. Physische Dinge zu erhalten, nicht wegzuwerfen, abzugeben, aufzuhören. Schauen uns Fotos an, lesen alte Notizen. Tragen ihre Lieblingskette. Erinnern und weinen. Vermissen sie. Wir halten fest, wo wir nur können. Es fühlt sich an, als seien sie nur länger im Urlaub. Verdammt. Wir merken, wir sind noch mehr Kind, als wir dachten.

Die Arbeit geht über Monate vom Äußeren ins Innere. Die Aufgabe lautet, die Mutter und den Vater loszulassen, tatsächlich gehen zu lassen. Weiterzuentwickeln, was da war, was uns mitgegeben wurde. Abzugeben, was nicht gutgetan hat oder einfach nicht mehr passt.

Es geht um eine weitere Inventur der Eltern-Kind-Rolle. Wer bin ich – auch durch sie – geworden? Was davon passt und möchte ich bewahren? Was ist eine gute Basis, auf der ich weiter aufbauen möchte? Was aber passt auch nicht? Wie verändert sich mein Alltag, mein Jahr, mein Leben ohne sie? Wie kann ich das bewältigen? Wer hält jetzt die restliche Familie zusammen? Was ist jetzt (wieder) möglich? Wovon muss ich jetzt zwangsweise «erwachsen»?

Dieser (innere) Dialog findet oft erst mit großer Verzögerung statt. Gesegnet ist, wer einen guten Sparringspartner für diese Themen hat.

Das können die Geschwister sein, ein Freund, der dieses Thema schon durchdacht hat, oder der Lebenspartner.

Man beleuchtet das Verhältnis zu den Eltern und das gemeinsame Leben noch mal völlig neu. Bringt Schönes zum Leuchten. Manchmal auch Unattraktives ans Tageslicht. Es ist eine notwendige Sortierarbeit. Unsere Eltern beeinflussen unser Leben auch nach ihrem Tod. Je unreflektierter und unklarer uns das als Menschen in der Lebensmitte ist, desto stärker ist ihr Einfluss. Die Auseinandersetzung mit den Prägungen, aber auch mit den Erkenntnissen, die wir aus dem Leben, dem Älterwerden und dem Sterben ziehen können, hilft uns, auf ein höheres Niveau des Erwachsenseins zu kommen.

Wir verstehen, was uns aus der elterlichen Prägung im Griff hat, und können entscheiden, die Prägungen selbst in den Griff zu bekommen. Eine große Chance und Aufgabe in der Lebensmitte!

Wie begegnet man diesem Irrtum: «Du bist erwachsen und hast es im Griff»?

Man muss es erst mal als Irrtum erkennen und zur Kenntnis nehmen. Man ist weniger erwachsen, noch nicht soweit, wie man dachte. Der bevorstehende Abschied beleuchtet unsere bisherige Form von Erwachsensein mit einem grellen Licht. Das mischt sich mit der Trauer, der Wehmut und der Verzweiflung des eigentlichen Abschieds, der sich abzeichnet. Wir spüren das erste Mal echte Endlichkeit, die uns wirklich angeht. Wir müssen lernen, Abschied zu nehmen. Endgültige, wichtige Abschiede. Wir waren bis jetzt die Jungen oder die Sandwich-Kids zwischen den Generationen der Alten und der Kinder.

Es ist eine Zeit, um seine sich verändernde Position wahrzunehmen, nach vorne zu schreiten und den Platz in der ersten Reihe einzunehmen – und wirklich erwachsen zu werden.

Wir sollten den Rollenwechsel zwischen Eltern und Kindern bewusst gestalten, hinschauen, nicht bevormunden, aber Verantwortung übernehmen. Wir sollten uns Zeit nehmen, die Chance für das

Gespräch nutzen, für intensiven Austausch, für das Beisammensein. Auch für das Zurückgeben von Zuwendung, Liebe, Aufmerksamkeit und Fürsorge – auch wenn es vielleicht wenig gab, was es jetzt zurückzugeben gilt. Nicht alle Mütter und Väter haben sich dies durch ihr Tun, ihre Elternschaft verdient. Dennoch: Diese Zeit gibt uns Gelegenheit für unseren eigenen Anstand, für das Leben und Praktizieren der eigenen Werte. Für das Sich-im-Spiegel-angucken-Können.

Wir sollten uns nicht wegducken: «Ich habe so viel zu tun!» Oder: «Wir wohnen so weit weg.» Diese Phase hat einen besonderen Sinn und macht ernsthaft erwachsen, wenn man sich nicht drückt. Sie ist immer begrenzt und hat ein Verfallsdatum. Wir sollten dem Abschied einen Sinn geben, solange es geht.

Was haben unsere Eltern selbst über die Lebensmitte und die Zeit danach zu sagen? Wir sollten genau hinhören. «Die ersten 40 Jahre unseres Lebens liefern den Text. Die folgenden 30 sind der Kommentar dazu, der uns den wahren Sinn und Zusammenhang des Textes, nebst der Moral und allen Feinheiten desselben, erst verstehen lässt.» Leider nicht von mir, sondern von Arthur Schopenhauer.

In der Lebensmitte ändert sich manchmal schleichend, manchmal merklich die alte, beständige Achse der Eltern-Kind-Beziehung. Oder, die dritte Variante: Es ändert sich gerade nichts.

Eine Geschichte von lebenslangem Bemuttern

Birgit ist Anfang 50, ihre Mutter Mitte 70. Sie war früher Grundschullehrerin und sehr engagiert. Sie hat Birgit und ihre Schwester allein großgezogen. Heute ist sie stolze Großmutter und bemuttert sie alle. Da sind die Pakete, die sie schickt. Die Zeitungsartikel, die sie ausschneidet und aufhebt. Natürlich steckt sie voller pädagogischer Tipps für die Erziehung ihrer Enkel und voller Lebensweisheiten für Birgits praktisches Erwachsenenleben. Hast du die Tür abgeschlossen? Hast

du den Hausmeister angerufen und Bescheid gegeben, dass die Pforte
klemmt? Hast du ...? Hast du ...? Ihre Ermahnungen bringen Birgit in
null Komma nichts auf 180. Ihre Mutter versteht es, ihre Knöpfe zu
drücken, und Birgit fühlt sich wie ein Teenager.

Dieses Beispiel könnte man durch andere fast beliebig fortsetzen: der Vater, der einem in die Karriere reinquatscht. Der Großvater, der sich allwissend zum Thema Enkelerziehung fühlt, obwohl er nur einmal im Jahr da ist, den Erziehungsalltag ansonsten nur aus Telefonaten kennt und in der eigenen aktiven Vaterzeit durch Abwesenheit glänzte.

Es gibt Hunderte von Varianten, bei denen wir spätestens in der Lebensmitte merken, dass uns einiges von unseren Eltern trennt oder trennen sollte. Oftmals reagieren wir in dieser Zeit auf Anmerkungen der Eltern daher auch wie Teenager oder Kinder. Wir sind dem überhaupt nicht entwachsen, sondern hängen noch mittendrin, mit der Wut und allen verletzten Gefühlen, Grenzüberschreitungen, Respektlosigkeiten, die man sich vorstellen kann. Offener Streit, offene Feindseligkeit, verdeckte Feindseligkeit, schlummernde Vulkane, die mit Mühe für die Dauer von zwei Übernachtungen unter der Decke gehalten werden können. Keifen, innerlich kotzen und den Kopf schütteln. Wenn man seinen Partner oder seine Partnerin durch Zufall in so einer Situation erlebt, wundert man sich oftmals nicht schlecht, wie sich dieser in ein rasendes Kind verwandelt.

Erwachsen? Es im Griff haben?

Es ist Zeit: Wir sind an der Reihe, die Beziehung zu unseren Eltern zu ordnen. Nicht um zu gefallen, vielleicht nicht einmal, um zu befrieden – Ruhe zu haben beim nächsten Besuch. Wobei das aus meiner Sicht schon ein guter Grund wäre. Es wäre doch spannend, in der Lebensmitte diese Marionettenfäden, diesen Automatismus der Eltern-Kind-Dynamik zu durchtrennen. Herauszufinden, welche Knöpfe gedrückt werden, welche Gefühle dahinterstecken, und zu lernen darüberzustehen. Nicht arrogant und überheblich, sondern auf Augenhöhe, großzügig, verstehend, dass hier Menschen am Werk sind, die sich nicht mehr ändern werden. Dass Eltern Menschen sind mit Fehlern, mit Weltbildern, die sie im Laufe der eigenen Lebensjahre hinweg konstruiert haben und die sie nicht so einfach widerlegen lassen – schon gar nicht von ihrem Kind. Zu verstehen: Eltern sind fehlbare Menschen, gefangen in ihrer Vita. Punkt.

In der Lebensmitte ist es höchste Zeit zu verstehen, vielleicht noch miteinander zu sprechen, zu vergeben, großzügig zu werden und weit ums Herz. Die eigenen Eltern vorsichtig innerlich vom Sockel zu heben und sie dennoch respektvoll zu behandeln. Oder einfach nur zu lernen, durchlässig mit den scheinbaren Angriffen umzugehen, die vielleicht nur gut gemeint, aber trotzdem schlecht gemacht sind: «Hast du …?» – «Ich würde ja …!» Man würde erwarten, dass die Mitte-70-Jährigen ihren großen Kindern als Erwachsene auf Augenhöhe begegnen. Wenn nicht, ist es in der Lebensmitte an den Kindern zwischen 40 und 50, sich aus dieser Verhaltensklammerung zu lösen und selbst erwachsen zu werden und so zu handeln.

Dieses Buch ist kein familientherapeutisches Buch, und ich bin keine Spezialistin in Sachen Familiendynamik. Ich empfehle nur jedem, hier einen Spezialisten, Berater, Familiencoach oder Familienpsychologen aufzusuchen, der mit einem die Situation beleuchten und reflektieren kann. Das ist etwas, was wir für uns tun sollten, um die Klarheit und Aufgeräumtheit einer erwachsenen Beziehung zu den eigenen Eltern genießen zu können.

Eine drängende Vermutung noch zum Schluss: Wahrscheinlich profitieren von so einer Beziehungsklärung mit den Eltern, der Mutter oder dem Vater auch andere Bereiche des Lebens, beispielsweise durch eine neu hinzugewonnene Konfliktfähigkeit. Das kann sich positiv auf die Partnerschaft oder die neue Familie auswirken oder verstärkt die Fähigkeit, sich abzugrenzen und nein zu sagen. Wir sollten es in die Hand nehmen.

Irrtum: Du bist erwachsen und hast es im Griff.

Korrektur: Du wirst wachsen und hast viel in der Hand.

TEIL IV: NEUES ANFANGEN. LOSLEGEN. JETZT

Sie haben (wenn Sie zu denen gehören, die das Buch von vorne bis hinten lesen) die zehn Irrtümer der Lebensmitte und die dazu-gehörigen Kurskorrekturen kennengelernt. Zehn Achtung-Schilder, die sagen: «Moment mal – so, wie ich dachte, ist es vielleicht nicht.» Zehn Handlungsfelder, die einladen, innezuhalten und nicht wie bisher weiterzuwurschteln. Das wäre schade, denn es würde einfach zu viel Kraft und kostbare Lebenszeit kosten. Der Kurs der eigenen Zukunft bliebe beliebig.

Die zentrale Einsicht ist: Gerade jetzt ist erhöhte Aufmerksamkeit für das eigene Handeln gefragt – und für mögliche Alternativen zum bisherigen Tun. Das ist vielleicht mühsam, aber aussichtsreich und erfolgversprechend, wenn man sich die Zukunft in der Lebens-mitte neu bauen möchte.

Es ist aus meiner Sicht nicht ausschließlich eine Mühe oder Last, sich mit der eigenen Lebensmitte und der weiteren Zukunft zu beschäftigen. Im Gegenteil: Es ist ein reicher, überraschender, lohnenswerter Weg. Es gibt Momente, in denen man Dinge endlich besser versteht, Erkenntnisse durchs Hirn rieseln, die einen befreien, Ideen sprühen, die eigenen Augen glänzen, man sich (wieder)erkennt oder selbst neu kennenlernt.

Diese Gelegenheit zum Aufbruch in der Lebensmitte sollte man nicht verpassen! Sich selbst nicht verpassen. Klar scheint es zuerst angenehmer und bequemer, sich dieser Phase nicht zu stellen, sondern sich einfach vor den Fragen wegzuducken. Sie werden schon wieder weggehen, so denkt man. Nach meiner Beobachtung werden sie das wahrscheinlich nicht. Die Fragen bleiben, bis wir anfangen, sie zu lösen. Denn sie weisen uns darauf hin, was jetzt an Entwicklungsmöglichkeiten ansteht.

NAVIGATOR: GLÜCKSFALL KRISE – EIN PLÄDOYER FÜR DEN UNGE-BETENEN GAST

Der Navigator soll Sie durch die wichtigsten Phasen hindurchbegleiten. In diesem Teil werden praktische Anregungen und Überlegungen zu den Rahmenbedingungen des Neuanfangs vorgestellt. Viele dieser Fragen habe ich mit meinen Coachingkunden schon mehrfach diskutiert. 50 Wegweiser geben Ihnen praktische Anregungen und hilfreiche Wegweisungen an die Hand.

Der Navigator zeigt vor allem: Sie sind nicht alleine. Diesen Weg sind schon viele vor Ihnen gegangen, und andere werden folgen – mit Sicherheit. Der Navigator ermöglicht Ihnen Orientierung, auf welchem Abschnitt des Weges Sie sich befinden. Diesen Weg habe ich in vier Phasen dargestellt. Natürlich ist eine solche Einteilung schematisch. Trotzdem dienen die Phasen als nützliche Orientierungs- und Haltepunkte. Hier nun mein Plädoyer für den ungebetenen Gast namens «Krise», vielleicht sogar eine kleine Verführung, sich etwas ausführlicher mit ihm zu beschäftigen. Meine Erfahrung ist: Der Gast bringt unerwartete Geschenke. Versprochen!

Welche Phasen durchlaufe ich?

In unruhigen Zeiten ist es hilfreich zu wissen, was auf einen zukommt. Man muss die Stolpersteine kennen, die einem begegnen können, und wissen, wo man hingucken und hinhören sollte, um das Neue, das entstehen möchte, nicht zu verpassen.

Die Phasen, die man prototypisch zu einem Thema, zum Beispiel einer beruflichen Veränderung, durchläuft, werden von jedem Einzelnen anders erlebt. Das gilt für die Intensität einer Phase wie auch für die Dauer, mit der man mit einer Phase beschäftigt ist. Jeder hat sein (emotionales) Tempo. Und: Die Phasen können sich überlappen. Die vier Phasen sind:

1. *Mit voller und manchmal leiser Wucht.* Die Zeit des Abbruchs und Verlustes.
2. *Willkommen im Niemandsland.* Die Leere erleben, aushalten und für sich nutzen.
3. *Wie halte ich es aus?* Unsicherheit erfahren und langsam Halt finden.
4. *Aufbruch wagen.* Den Neuaufbau beginnen – Abschied nehmen.

Wie ist das Phasenkonzept zu verstehen?

Der Navigator geht auf alle vier Phasen ein. Dazu kommen typische Fragen dieser Phasen, die sich stellen, um weiterzukommen. Sie sind natürlich nicht trennscharf. Es kann auch sein, dass jemand zu unterschiedlichen Themen, die ihn beschäftigen, in verschiedenen Phasen zur gleichen Zeit steht. Siehe auch Irrtum 1: «Du bist angekommen!»

Das sieht dann beispielsweise so aus: Alexander ist gerade dabei, sich beruflich neu zu orientieren und dabei eine Idee zu entwickeln, wie es weitergehen könnte. Das Unternehmen, für das er arbeitet, wurde von Amerikanern gekauft und umstrukturiert. Für ihn gab es, trotz guter Leistung, keinen Platz mehr: «Wir müssen Synergien schaffen – Sie verstehen.» Das ist nach 21 Jahren Betriebszugehörigkeit in acht Positionen ziemlich frustrierend und stellt ihn auch vor wirtschaftliche Fragen. Alexander ist Anfang 50 – also im «besten Alter», seine Töchter haben beide mit dem Studium begonnen. Er und seine nicht voll berufstätige Frau finden sich plötzlich als Paar allein zu Hause wieder.

Nachdem er nach der Kündigung die Phase des Niemandslandes, der Unsicherheit erfahren hat – allein die Abfindungsverhandlungen zogen sich über Monate hin –, lichtet sich der Nebel. Er spürt, es ist für ihn Zeit geworden, der freien Wirtschaft den Rücken zu kehren und andere Arbeitsfelder kennenzulernen. Alexander übernimmt die Leitung einer Einrichtung für internationale Erwachsenenbildung. Ein Aufbruch in eine neue Welt mit neuen Themen, neuen Spielregeln und neuen Leuten.

Drei Monate vor dem Eintritt in diese neue Position wird sein 84-jähriger Vater plötzlich krank und schnell bettlägerig. Alexander trägt auf einmal die Verantwortung für den Vater zu Hause und begleitet ihn zusammen mit seiner Frau bis zu seinem Tod. Es ist eine intensive Zeit. Alexander erlebt den Tod seines letzten Elternteils als schweren Verlust und Abbruch einer Lebensphase. Als Paar begreifen sie, dass auch ihre Lebensmitte eine Zeitwende markiert. Auch seine Frau beginnt, sich über ihren Beruf und ihre Berufung Gedanken zu machen, nachdem die großen Töchter sie nicht mehr im Alltag in Anspruch nehmen.

Die Phase des Abbruchs und Verlustes, gleichzeitig der Aufbruch im Beruflichen. Ein Beispiel, wie ein Mensch zur gleichen Zeit in unterschiedlichen Phasen der Veränderung stecken kann. Aus meiner Sicht kein Wunder, dass die Lebensmitte so voll und durchaus anspruchsvoll erlebt wird.

PHASE 1:
MIT VOLLER
UND MANCHMAL
LEISER WUCHT

Der Umbruch kann auf sehr leisen Sohlen daherkommen. Ich nenne es die «innere Unruhe»: Eigentlich ist von außen betrachtet alles gut. Der Job läuft, die Familie ist prima, man versteht sich gut mit dem Partner, der Freundeskreis ist eine Freude. Dennoch fragt man sich, ob das jetzt «so» noch viele Jahre weiterlaufen soll. «So» kann eine latente Unzufriedenheit mit der zeitlichen Belastung sein, mit der Arbeitsintensität oder der Arbeitsdichte. «So» kann heißen, dass es irgendwie langweilig geworden ist oder man gar keine Zeit mehr für sich findet.

Meine Coachingkunden fangen ihre Schilderungen oftmals mit dem Satz an: «Ich weiß, ich leide auf hohem Niveau, aber …» Und dann schildern sie die innere Unzufriedenheit, die Unausgeglichenheit und Dysbalance, die sie umtreibt. Diese Menschen spüren, dass etwas zu Ende geht, sich überholt hat oder zumindest zu Ende gehen sollte. Sie spüren, dass ein Umbruch bevorsteht. Sie sind ebenfalls auf der Suche. Die äußeren Umstände sind deutlich ruhiger, aber sie suchen latent und leise nach neuen Wegen. Nach einer Weile erkennen sie es an und wünschen sich, dass sich bald etwas ändern soll.

Die Dinge können in der Phase 1 aber auch ganz anders liegen. Es kann der Moment sein, in dem klar wird, dass sich etwas ändert. Die Koordinatenkreuze des eigenen Lebens verschieben sich. Nicht, weil man es will. Sondern unfreiwillig. Oft passiert dies mit voller Wucht: die unerwartete Kündigung, der Unfalltod der Mutter. Manchmal kündigt sich die Veränderung aber auch langsam an und ist dann – schlagartig – kristallklar. Obwohl man es hat kommen sehen, fühlt man sich kalt erwischt. Zum Beispiel von der Alzheimer-Diagnose der Mutter, die seit langem immer komischer drauf ist, nicht mehr nur schusselig und vergesslich. Oder von der Ankündigung des Mannes, dass er sich nach Jahren der Schieflage in der Partnerschaft trennen möchte. Oder aber der Job als Selbständiger läuft immer schlechter: Die Aufträge werden immer rarer, unbeständiger, kleiner im Auftragsvolumen, der Wettbewerb wird zunehmend härter, Preise werden gedrückt. Man merkt, es reicht nicht mehr, um das Leben zu führen, das man möchte und muss.

Die klassische Reaktion auf ein Krisenszenario hat schon jeder gehört. Die Freundin oder der freundliche Personaler sagt: «In der Krise steckt auch immer eine Chance.» Ich möchte dann immer gerne kotzen. Zu diesem frühen Zeitpunkt möchte das wirklich keiner hören.

WEGWEISER #1: DEN GEDANKEN DER CHANCE ERST MAL STREICHEN UND VERTAGEN. Denn: Eine Krise – welche auch immer – ist erst mal schwer zu tragen, und ein Stausee an schlechten Gefühlen steht bereit, sich über uns zu ergießen. Und da müssen wir durch. Wir müssen bereit sein, nass zu werden.

Sichern Sie sich nur so weit ab, dass Sie nicht untergehen. Das ist oftmals schon Kraftanstrengung genug.

WEGWEISER #2: KEINEN UNÜBERLEGTEN MIST MACHEN. Vermeiden Sie das Extreme – es nützt in der Sache meist weniger, als man zunächst denkt. Schlagen Sie keine Türen zu. Zu niemandem. Die anfängliche Genugtuung hat in der Regel später ihren Preis. In Filmen sieht das immer so cool aus. Da werden im Brass Türen geworfen, Koffer gepackt, Jobs gekündigt. Bier- oder Weinflaschen en masse geleert. Mit dem Kollegen oder der Kundin geschlafen, Kohle rausgehauen, was auch immer. Nur um sich Luft zu verschaffen. Ob es das wert ist, sollte man für sich selbst schnell abwägen, bevor man die Leute, mit denen man danach noch verhandeln muss oder zu tun hat, brüskiert, düpiert oder beleidigt.

Sollte es einem die Sache und die Erschwernis dann immer noch wert sein: Manchmal können extreme Dinge wie zum Beispiel ein

Kontaktabbruch, eine Woche Auszeit, ein Wutausbruch, ein Spontankauf natürlich auch genau richtig sein. Denn sie können helfen, die eigenen Gedanken zu sortieren.

WEGWEISER #3: BEISTAND UND BERATUNG HOLEN. Anwälte, Gutachter, Experten, Coaches, Psychologen – je nachdem, um welches Thema es geht – helfen, einen Überblick zu behalten. Holen Sie sich praktische Hilfe für die Kinder, den Haushalt, den Hund. In dieser ersten Phase sind Freunde und Familie in der Regel noch ansprechbar und gerne bereit, Hilfe und Unterstützung zu leisten. Nutzen Sie es – nehmen Sie die Hilfe an. Auf der Langstrecke sind Sie früh genug mit diesen Themen auf sich gestellt (siehe Irrtum 9: «Wir sind für dich da»).

Die Phase 1 ist der Survival-Modus. Ausbaden und aushalten. Überleben. Spätestens jetzt gilt es, Ausdauer und Geduld zu entwickeln. Die Umbrüche der Lebensmitte sind eher ein Marathonlauf, kein Sprint.

Oft ist allerdings noch nicht klar, ob man akzeptieren muss, was da jetzt im Raum steht. Der Jobverlust. Das Ende der Ehe. Die Krankheit. Ist es wirklich das, wonach es aussieht? Kann ich es abwenden oder zumindest aufschieben? Wenn ja, für wie lange? Auch hier: Geduld. Langer Atem. Gehen Sie in den Survival-Modus. Mehr muss nicht sein, und zu mehr ist man in der Regel auch nicht in der Lage.

> *Gott, gib mir die Gelassenheit, Dinge hinzunehmen, die ich nicht*
> *ändern kann,*
> *den Mut, Dinge zu ändern, die ich ändern kann,*
> *und die Weisheit, das eine vom anderen zu unterscheiden.*

Dieses sogenannte «Gelassenheitsgebet» des amerikanischen Theologen Reinhold Niebuhr ist von 1940. Es ist in der ersten Phase des Abbruchs und Verlustes in der Tat schwierig zu erkennen, was man von dem, was man erlebt, hinnehmen muss und was davon änderbar ist.

Es gilt, abzuwarten und gut hinzuschauen, damit über die nächsten Tage, Wochen und vielleicht Monate eine Gewissheit und – im Sinne von Niebuhr – auch eine Weisheit entstehen kann, diese Dinge zu unterscheiden.

Möglicherweise können wir nach einiger Zeit vom Verstand her das eine vom anderen unterscheiden. Dennoch kann es sein, dass Akzeptanz noch nicht möglich ist – das passiert erst viel später. Sie sollten auch gar nicht den Anspruch an sich selbst formulieren, gleich alles akzeptieren, im Sinne von annehmen und billigen, zu müssen. Klar, die Akzeptanz des nicht Abwendbaren ist ein Ziel. Dies lässt sich jedoch nicht erzwingen und braucht seine Zeit.

Die erste Phase konfrontiert uns mit dem Kontrollverlust, den wir so hassen. Wir können etwas nicht ändern, sondern müssen Dinge hinnehmen. Das ist schwer, und Sie sind zu Recht erschrocken, konfus, verärgert, verängstigt, vor den Kopf geschlagen.

Die Leute reagieren sehr, sehr unterschiedlich auf die Konfrontation mit einem Umbruch. Der eine fängt sofort an zu funktionieren, organisiert die Trauerfeier und Beerdigung für seine Mutter und wirkt für die anderen «so gefasst». Die Tränen werden in der Regel nicht öffentlich geweint.

Nach dem Jobverlust geht der eine mit Freunden trinken. Dann noch mal mit den Kollegen. Und dann noch mal mit den Jungs. Der Nächste geht sofort ins Netz und guckt nach Jobs. Die Nächste wird sofort krank und bleibt drei Wochen zu Hause und verkriecht sich. Die eine Frau fällt nach der Scheidungsbitte ihres Mannes in sich zusammen und wird mit Hühnersuppe von ihrer Freundin aufrecht gehalten. Die andere schmeißt ihren Mann sofort raus, sucht sich und den Kindern ein neues Zuhause und zieht um. So oder so. Diese Reaktionen sind in der Regel Reaktionen im Survival-Modus. Es geht noch nicht um die Bewältigung der Aufgaben und Themen, die diese Ereignisse mit sich bringen.

WEGWEISER #4: SCHREIBEN ALS HILFSMITTEL. Egal, ob Sie nun von einer inneren Unruhe getrieben werden oder ein deutlicher Einschnitt von außen kommt: Schreiben hilft, unsere Gefühle und Gedanken zu formulieren. Sie werden eingefangen. Schreiben hilft, sie ins Bewusstsein zu holen. Flüchtige Gedanken werden konkret, visualisiert und greifbar. Man kann besser daran anknüpfen, darauf aufbauen. Es ist egal, ob man täglich, wöchentlich oder nur ab und zu schreibt.

Es lohnt sich, ein Logbuch griffbereit zu haben. Oder eine Mappe, in die man Ausschnitte und Notizen legen kann, die einem in die Hände fallen. Im Rechner können interessante Artikel und Links gespeichert werden. Ich mache mir dennoch von wichtigen Texten Ausdrucke und lege sie zu meinen Gedanken im handschriftlichen Logbuch, damit ich alles an einem Ort habe.

Das Logbuch ist auch ein schöner Beleg dafür, wie sich unsere Gedanken und Gefühle entwickeln und schärfen. Das ist ein stiller, sehr persönlicher Prozess. Das Logbuch macht diesen Prozess für uns nachvollziehbar. Die eigenen Texte zeigen auch auf, an welchen Punkten man immer wieder hängenbleibt. Das ist ein Hinweis, dass es sich lohnen könnte, diesem speziellen Punkt besondere Aufmerksamkeit zu schenken, um weiterzukommen.

WEGWEISER #5: SPORT ALS WEGBEREITER. Laufen, Yoga, rudern, schwimmen, im Wald spazieren, mit dem Hund gehen. Kurz: Sport machen. Und zwar alleine. Man selbst, der eigene Körper ist dabei der Wegbereiter. Es geht darum, mit Hilfe von Bewegung zur Ruhe zu kommen. Sich gut in seinem Körper zu fühlen. Regelmäßig und tief zu atmen. Zeit zu finden, die eigenen Gedanken zu sortieren. Sich selbst beim Denken zuzuhören. Deswegen funktioniert das Fitnessstudio, das Tennismatch oder die Laufrunde mit Powermusik wahrscheinlich weniger. Man ist viel zu abgelenkt und hört die leise innere Stimme viel schlechter oder gar nicht. Jeder hat seine Art, wie er beim Sport zur inneren Ruhe kommt. Finden Sie heraus, was für Sie funktioniert. Hauptsache: draußen. Alleine. In sprichwörtlicher Ruhe. Sport hilft zusätzlich, Stress abzubauen – das ist hinlänglich bekannt. Nutzen Sie diese Kraftquelle.

PHASE 2:
WILLKOMMEN IM NIEMANDSLAND

Jetzt gilt es, die neue Leere zu erleben und auszuhalten. Nach dem Aufruhr der ersten Phase kommt erst mal: gar nichts. Die Fragen der Zaungäste, der Freunde, Bekannten, Kollegen sind ausgesprochen oder im Stillen spürbar: «Und was machst du denn jetzt?» Diese Fragen, egal wie gut sie möglicherweise gemeint sind, sind schwer zu ertragen, und man könnte gut darauf verzichten. Als wäre man auf einmal Krisenexperte und Oberchecker, nur weil «es» einem passiert ist. Dieser Anspruch des «Sofort-wissen-Müssens» ist fürchterlich. Möglicherweise stellen wir diesen Anspruch auch an uns selbst. Das wäre nicht verwunderlich, denn wir meinen ja, in unserer Kultur fast alles im Griff haben zu müssen. Nur jetzt gelingt das nicht.

Zum Verlust kommt auch noch die Ratlosigkeit. Und der Erwartungsdruck, man möge sich doch schnell wieder erholen. Schau nach vorne! Gut gemeinte Kalendersprüche werden gereicht. Schulterklopfen. Kopf hoch. Nach Regen kommt Sonne. Haha.

Auch zu erkennen, dass sich etwas ändern muss auf eigene Initiative und eigenen Wunsch hin, ist erst mal eine Erkenntnis, die ratlos machen kann. Auch hier findet man sich im Niemandsland wieder, denn schnelle Lösungen stehen selten parat.

WEGWEISER #6: ES IST, WAS ES IST. Und jetzt? Ich weiß es doch auch nicht. Seien Sie großzügig und nachsichtig mit Ihrem Nichtwissen.

Hanna, 39: «Ich war und bin nach dem Auszug meines Mannes immer noch viel zu müde, um Dinge von alleine neu zu denken. Ich bin so sehr damit beschäftigt, mein leckschlagendes Boot namens ‹Alltag› nicht kentern zu lassen. Ich habe noch nicht die Kraft, um neue Segel zu setzen. Und auch der neue Kurs ist noch vage.»

WEGWEISER #7: DIE INNERE UNRUHE ALS SIGNAL. Manchmal ist es schon viel zu wissen, dass man das Bisherige nicht mehr will oder dass es nicht mehr trägt. Diese Erkenntnis muss erst reifen. Und wenn sie dann da ist, braucht es oft weitere Zeit, bis sie in ganzer Deutlichkeit durchsackt und uns selbst verständlich wird. Wir sind unruhig. Am Anfang scheint es, als hätte man sich verhört. Dann horcht man nochmals in sich hinein, und die Antwort ist dieselbe: «So wie bisher geht es nicht mehr.» Das Herz weiß es. Der Bauch auch. Der Kopf hat es kapiert. Das ist der erste Meilenstein auf dem neuen Weg.

Daniel, 41, schildert das Gefühl so: «Ich will nicht auf überholte Gewohnheiten, überholte Lösungsmuster und überholte Beziehungen setzen. Endlose To-do-Listen mit Zielen und Arbeitsaufträgen können es nicht mehr sein. Der Wahnsinn meines Alltags, ich meine die Anstrengung mit Job, Familie, Kindern, den ganzen Ansprüchen und Anforderungen, ist zur Gewohnheit geworden. Chillen heißt, nur noch 10 Minuten im Bus vor mich hin zu dösen – oder die drei Minuten, bevor ich todmüde einschlafe. Ich will das nicht mehr.»

Judith, 54: «Ich kann und will mich nicht mehr immer an die Männer, die mich umgeben, anpassen, wie ich es in der Vergangenheit – zum Teil auch gern – getan habe. Mein Ehemann, mein Chef, meine männlichen Kollegen, mein Vater. Immer war ich für andere da. Habe so viel möglich gemacht für die anderen. Wo bleibe ich eigentlich? Ich bin 54, meine Kinder fast aus dem Haus. Das geht so nicht mehr weiter, wenn ich jemals noch meine eigenen Wünsche umsetzen will.»

Privatprojekt Lebensmitte – eine berufsbegleitende Aufgabe, keine Krankheit

In Phase 1 des Verlustes und des Abbruchs haben sich meistens noch andere Menschen für uns und die Veränderungen um uns interessiert.

Sie ist in der Wucht und Auswirkung die aufmerksamkeitsstärkste Phase, spätestens in Phase 2 ebbt das Interesse dann merklich ab, und wir sind langsam allein mit unserer Lebensmitte und unseren Themen. Na, toll! (Siehe auch Irrtum 9: «Wir sind für dich da.»)

In der Tat ist es bemerkenswert, wie sehr wir im Äußeren funktionieren müssen. Wir gehen zur Arbeit, kümmern uns um die Kinder, den Ehegatten und den Freundeskreis. Wir organisieren den Pflegedienst und begleiten den Vater zur Chemotherapie. Wir sind eben nicht klassisch krank. Die Lebensmitte mit ihren Themen findet nicht isoliert statt, sondern verwebt sich mit unserem normalen Alltagsleben. Außen findet «business as usual» statt, während die Themen innen einen großen Raum einnehmen. Und das ist richtig so. Es wird zu unserem Privatprojekt, für das vor allem wir selbst verantwortlich sind.

WEGWEISER #8: ZEIT FÜR DENKARBEIT SCHAFFEN. Sich mit den Themen der Lebensmitte auseinanderzusetzen, über sich nachzudenken, die eigene Stimme zu hören erfordert Zeit. Und zwar «quality time» mit sich selbst. Ausgeschlafen. In ruhiger Umgebung. Unabgelenkt. Diese Zeit findet sich nicht von alleine, sondern es gilt, diese Zeit bewusst zu schaffen. Da wir alle ohnehin so viel zu tun haben, ist die Frage mehr als berechtigt, wo diese Art von Zeit bitte herkommen soll.

Nur ein paar Gedanken dazu – denn dies ist ja kein Zeitmanagementseminar –: Wir sind oftmals Opfer der eigenen Anspruchslawine. Schauen Sie hin, was alles wirklich sein muss in Ihrem Leben oder angeblich sein soll. Was hält Sie davon ab, Dinge zu tun, die Sie jetzt für sich selbst als wichtig ansehen? Räumen Sie sich selbst einen vorderen Platz ein. Lassen Sie anderes dafür liegen. Verschieben Sie es. Sagen Sie es ab. Jetzt sind Sie dran.

Eine Analyse, ein Blick auf die eigenen Zeitressourcen, das Zeitbudget und die Notwendigkeiten ist unausweichlich. Seien Sie realistisch.

Was will ich, was brauche ich für meine Denkarbeit? Hier ein paar Ideen, wie Sie kleine Zeitfenster öffnen können: Beispielsweise ist die Stunde am Morgen vor 9 Uhr oder sobald die Kinder im Bett sind, künftig «Ihre» Stunde für Denkarbeit. Denkzeit.

Prüfen Sie: Worauf verwenden Sie unverhältnismäßig viel Zeit? Was davon ist vielleicht Zeitverschwendung? Social-Media-Nutzung, Fernsehen oder auch ungebremstes Telefonieren sind ziemlich gute Zeitreserven. Wie oft und wie lange werden Sie von Telefonaten aus der Denkbahn geworfen? Wie viel Zeit versurfen Sie kreuz und quer im Internet? Müssen Sie jeden Tag mit den Kollegen in die Kantine gehen? Können Sie nicht einmal die Woche mittags in ein Café gehen und wirklich zur Ruhe kommen? Eben!

Eine Suchfrage für gute Aktivitäten ist: Wird das, was ich jetzt tue, mein Leben im Laufe der Zeit bereichern? Hilft mir das gerade, um gedanklich weiterzukommen? Die Ablenkungen, denen wir uns hingeben können, sind unendlich. Räumen Sie Ihrer Denkarbeit zeitliche Priorität ein, sonst wird sie nicht konstruktiv, sondern nur unkonzentriert, oberflächlich, zerstückelt und unvollständig im Alltag stattfinden.

Planen Sie bei der Denkarbeit auch das ganz normale Leben mit ein, sonst funktioniert es nicht im Alltag. Zeit für Hausarbeit etwa. Und auch im Job: Ich brauche jeden Tag Zeit für kleine Organisationsaufgaben, Vorplanung, um Dinge möglich zu machen, um mich und andere zu vernetzen, im Gespräch zu bleiben mit dem Partner, den Kindern, den Nachbarn, der Lehrerin. Die Liste ist lang.

Lassen Sie sich helfen, um diese wichtige Zeit zu finden. Wer kann Ihnen helfen, Sie entlasten oder Ihnen zuarbeiten? Manchmal hilft es schon, die Kinder zum Spielen zu verabreden, um drei Stunden ungestörter Zeit für sich zu haben. Fangen Sie dann nicht die Hausarbeit an oder arbeiten in der Zeit für die Firma. Nutzen Sie die Zeit für sich. Astrid Lindgren hatte übrigens eine Haushälterin, als sie mit 37 anfing, Bücher zu schreiben. Ihre Kinder waren da schon etwas größer.

Planen Sie also unbedingt Zeitfenster für wichtige Denkprojekte ein. Das kann auch die Lektüre eines anregenden Buches, die Belegung eines Kurses oder Zeit für ein Gespräch zum Thema, Zeit zum Schreiben, Recherchieren und Nachdenken sein. Lassen Sie andere Dinge im Zweifel warten oder liegen. Diese Stunden dürfen nicht nur ein Restposten sein, wenn noch Zeit übrig ist. Sie sollten vielmehr eine berechtigte Zeit für Ihre Gedanken und Ihre Entwicklung sein. Sie brauchen jetzt Zeit für sich.

Finden Sie heraus, wie Sie besonders kreativ sein können: In welchem Zustand, an welchem Ort sprühen Ihre Ideen? Wo können Sie rumspinnen, etwas Ungewöhnliches denken? Richten Sie sich ein Gedankenlabor ein, wo Sie sich nach Herzenslust und ohne Kritiker von außen gedanklich ausprobieren können. Das kann Ihr Lieblingsplatz im Wohnzimmer sein, ein Sessel, ein Tisch im Café oder ein bestimmter Weg im Wald. Wann ist es besser, frühmorgens oder im Gegenteil erst spät am Abend, wenn alles ruhig geworden ist? Welche Quellen oder Möglichkeiten benötigen Sie darüber hinaus, um Informationen zu sammeln und zu recherchieren?

WEGWEISER #9: ZEIT FÜR SICH SELBST SCHAFFEN. Planen Sie auch Zeit für sich persönlich ein: «Ich brauche am Abend Zeit, um runterzukommen, bevor ich ins Bett gehe!» Ja, das ist kein Fehler, sondern normal. Die Zeit der Lebensmitte ist fordernd, und Sie müssen immer wieder neu auftanken. In welchem Format erholen Sie sich gut und schnell? Finden Sie es heraus!

WEGWEISER #10: ZEIT FÜR DIE KINDER UND DIE FAMILIE. Es ist unrealistisch und auch nicht förderlich, sich komplett zurückzuziehen. Die Lebensmitte kann man in der Regel nicht in einem kurzen Kraftakt durchschreiten – und «zack» hat man die Lösung. Es ist vielmehr ein Weg über mehrere Stationen, der zum Ziel führt. Planen

Sie also viele kurze Etappen der Denkarbeit ein. Von Etappe zu Etappe baut Ihr Gehirn weiter an Ihren Gedanken, auch wenn Sie gerade mit dem normalen Leben beschäftigt sind. Beim nächsten Boxenstopp können Sie wieder anknüpfen.

Die Kinder sind am Wochenende beim Fußball? Ihr Partner geht zum Sport? Wunderbar. Verabreden Sie sich nicht. Arbeiten Sie nicht. Machen Sie nichts im Haushalt.

Kommen Sie stattdessen zu sich und bei sich an. Wenn Sie das ein paarmal gemacht haben, werden Sie die Zeit mit sich sehr genießen und merken, wie Sie im Dialog mit sich selbst neue Ideen entwickeln, die Sie jetzt dringend brauchen, um in der Lebensmitte voranzukommen. Der Haushalt kann warten.

WEGWEISER #11: LEITFRAGEN, UM DAS GEWUSEL IM KOPF ZU SORTIEREN. Es hilft, sich immer wieder Zeit zu nehmen, um die Vielzahl der Aufgaben und Ansprüche zu sortieren und wie ein Dirigent zu orchestrieren: Was ist diese Woche wichtig? Was ist schon heute wichtig? Was bedrückt, stört, behindert mich, um gelöst dem Tag zu begegnen? Was kann ich weglassen, um Luft für das Wichtige zu bekommen?

WEGWEISER #12: MULTITASKING IST EIN AUFMERKSAM-KEITSKILLER. Gleichzeitig mehrere Dinge zu tun funktioniert meiner Erfahrung nach nicht für wache, konzentrierte Denkarbeit. Multitasking ist ein neuronaler Schredder. Sie werden keine ruhigen und guten Gedanken fassen können. Widmen Sie sich daher konzentriert nur einer Sache, schließen Sie diese ab, bevor Sie den nächsten (Tages-) Abschnitt beginnen. So sind Sie effizienter und sorgen für mehr konzentrierte Denkzeit für die Themen der Lebensmitte.

WEGWEISER #13: DENKARBEIT IN DEN ALLTAG INTEGRIE-REN. Es geht nicht darum, sich in eine Höhle zurückzuziehen. Es geht darum, die Denk- und Entwicklungsarbeit in das normale Leben zu integrieren. Sie stehen mitten im Leben: Sie brauchen Zeit, um zu arbeiten. Zeit für Lebensfreude. Zeit für Alltagsdinge. Zeit für die Kinder. Zeit für Freunde und den Partner. Zeit für Interessen und Hobbys. Aber – und das ist neu – Sie brauchen auch Zeit für sich selbst und Ihre innere Arbeit. Das ist nach Jahren der Beschäftigung mit dem Außen, den vielen Dingen, Optionen und Menschen um einen herum, möglicherweise in dieser Dringlichkeit erst mal ungewohnt.

WEGWEISER #14: VOM NUTZEN DES ALLEINSEINS. Die Ereignisse der Lebensmitte können dazu führen, dass wir mit zwei Gefühlen konfrontiert werden, die wir bisher in dieser Intensität nicht kannten. Sich alleine fühlen und manchmal auch einsam fühlen. Es kann zum Beispiel sein, dass man durch eine Trennung plötzlich sehr alleine ist und nur noch die Kinder an seiner Seite hat. Oder man hat seinen Job verloren oder ist ernsthaft erkrankt und sitzt plötzlich mit viel Zeit zu Hause, während alle anderen, inklusive des eigenen Partners, wie gewohnt bei der Arbeit sind. Der eigene gewohnte Tagesrhythmus dagegen fällt in sich zusammen.

Menschen reagieren sehr unterschiedlich auf das Alleinsein. Für die einen ist es «splendid isolation», also großartige, prächtige, glänzende, famose Isolation. Für die anderen schwer zu ertragen. Gerade wenn man eine unsichere Zeit durchlebt, sehnt man sich nach Bestätigung und Zuspruch von anderen. Das Problem ist nicht das Alleinsein an sich. Sondern das Gefühl dabei, auf sich selbst zurückgeworfen zu sein – und das unfreiwillig. Unfreiwillig niemanden zu haben. Die Unfreiwilligkeit und Ablehnung des Zustandes macht aus Alleinsein Einsamkeit.

Auch wenn es einem nicht gutgeht, ob nun aus körperlichen oder seelischen Gründen, wird aus Alleinsein schnell Einsamkeit. Manchmal changiert dieses Gefühl: Aus Alleinsein wird Einsamkeit, aus Einsamkeit kann wieder entspanntes Alleinsein werden.

Warum erzähle ich das? Mit sich alleine zu sein ist absolut notwendig, um den Blick auf sich selbst richten zu können. Das ist nicht für jeden einfach. Es gilt also, das Alleinsein zu wollen. Wer alleine ist, muss lernen, sich selbst auszuhalten, mit sich gut zu leben. Gerade wenn man eine unsichere Zeit durchlebt, sehnt man sich nach Bestätigung, Zuspruch und Orientierung durch andere. Es braucht jedoch das Alleinsein, um in sich reinzuhorchen, die eigene Stimme zu hören. Wenn man nur unfreiwillig alleine ist, fühlt es sich einsam an.

WEGWEISER #15: ALLEINE SEIN, OHNE SICH EINSAM ZU FÜHLEN. Meistens funktioniert das über den Sinn, den Sie dem Zustand des Alleinseins in dem Moment geben, und was Sie aus ihm schöpfen können. So kann der Sinn beispielsweise sein, kreative Kraft zu schöpfen, sich zu sammeln, sich geistig zu erholen, sich selbst wieder zu beruhigen, runterzukommen.

WEGWEISER #16: SICH AUF ETWAS KONZENTRIEREN. Das hilft, wenn man alleine ist. Nehmen Sie sich also bewusst einen Gedanken, ein Thema, eine Recherche, einen Text oder ein Buch vor. Schreiben geht auch nur, wenn man konzentriert ist. Vielleicht ist Schreiben deswegen so ein guter Kompagnon, wenn man alleine ist.

Es kann in der Lebensmitte schwer sein, Zeit für sich zu finden, weil man so eingebunden ist in die Familie, mit den Kindern, bei der Arbeit. Dann muss man bewusst Zeit für das Alleinsein schaffen (siehe Wegweiser #8: «Zeit für Denkarbeit schaffen»).

WEGWEISER #17: LASSEN SIE ES SICH GUTGEHEN. Wer einsam ist oder alleine, muss sich klar darüber sein, dass Zuwendung im Zweifel von niemandem außer einem selbst kommt. Man muss selbst dafür Sorge tragen, dass es einem gutgeht. Genug und gut essen, genug schlafen. Lernen Sie Techniken wie Klopfakupressur oder Meditation, um zu sich zu kommen. Lernen Sie, sich um sich selbst zu kümmern.

WEGWEISER #18: WIE BERUHIGE ICH MICH SELBST? Es ist manchmal schwierig, zur Ruhe zu kommen: Die eigenen Gedanken sind oft wie Treibholz. Sie treiben wild umher. Wir laufen den ganzen Tag wie aufgezogen durch die Gegend. Wie sollen wir die Anspannung des Tages wieder ablegen? Es lohnt sich zu lernen, wie man nach einem anstrengenden Tag in einer aufwühlenden Phase zu sich kommt, runterkommt, wie wir so schön sagen. Es ist normal, dass wir eine Art Pufferzone benötigen zwischen dem äußerlich bewegten Alltag und unseren Gedanken und Gefühlen. Auch hier sind die Dinge und Methoden, die in der Pufferzone gut funktionieren, sehr individuell. Der eine liest etwas, der andere räumt auf, der Dritte trinkt erst mal einen Tee oder geht laufen.

WEGWEISER #19: UNTER LEUTE GEHEN. Wir Menschen brauchen beides, um uns gut zu fühlen: gute Gemeinschaft und gutes Alleinsein. Beide Zustände sollte man für sich nutzen. Es lohnt sich aber, gerade jetzt genauer hinzugucken, welche und wessen Gemeinschaft man sucht.

Feiern: Das klingt vielleicht etwas blöd, aber: Es ist ganz wichtig zu feiern! Und: Gott sei Dank gibt es weiterhin viele gute Anlässe, um liebe Menschen oder schöne Ereignisse bewusst zu begehen. Graben Sie sich also nicht ein. Nehmen Sie unbedingt Einladungen an und schaffen Sie selbst Anlässe zum Feiern. Bringen Sie Menschen zusammen. Schauen Sie bei der Gelegenheit auch nach neuen Gesichtern, die gute Impulse in Ihrem Leben setzen können.

Vernetzen: Sie sind auf dem Weg und wollen Ihren Kurs in der Lebensmitte justieren. Aktivieren Sie Ihr Netzwerk, erweitern Sie es, fischen Sie in neuen Teichen. Vernetzen Sie Ihre Gedanken mit Ideen der anderen. Nehmen Sie Kontakt auf, seien sie (wieder) neugierig. Wenn man sucht, sind die eigenen Sensoren wieder auf Empfang gestellt. Die Welt, unsere Städte, Gemeinden, Freundeskreise sind so voll mit Ideen, Anregungen. In der Lebensmitte ist es höchste Zeit, mehr von dem kennenzulernen, was uns umgibt. Saugen Sie es auf. Das spendet Kraft für die eigene Entwicklung.

Tummeln: als Gegenstück zur Einsamkeit. Der große Unterschied zum Viel-unterwegs-Sein von früher ist: Tummeln Sie sich nicht wahllos und aktionistisch. Wählen Sie vielmehr mit Bedacht aus: Wer gibt Ihnen Kraft? Wer gibt Ihnen Anstöße und Anregungen? Wo trifft man auf interessante Menschen, die etwas zu sagen haben? Wer oder was inspiriert? Ich selbst zum Beispiel gehe gerne auf ausgewählte Konferenzen, Vorträge, Vernissagen, Lesungen, Netzwerkveranstaltungen von Vereinen, denen ich – erst in den letzten Jahren – beigetreten bin. Dort sind in der Regel Menschen, die etwas mitzuteilen haben. Wie ein Wal ziehe ich mir deren Ideen und Gedanken wie Krill durch meine Kiemen. Irgendwas schmeckt mir immer. Ich behalte es bei mir und entwickle das Gehörte für mich weiter. Es ist eine Chance, mitten unter Menschen angeregt nachzudenken. Die heiße Luft der anderen – ein bisschen ist natürlich immer dabei – stoße ich einfach wieder aus.

Spielen: Es braucht auch Zeit, um sich freizudrehen, zu verschnaufen. Es wird trotzdem in Ihnen weiterarbeiten. Ihre Seele sucht nach Lösungen. Auch wenn Sie nicht permanent am Thema dran sind.

WEGWEISER #20: RAUM SCHAFFEN FÜR NEUE ERINNERUN-GEN. Gerade wenn eine wichtige Lebensphase zu Ende gegangen und man scheinbar im Niemandsland angekommen ist, ist es wichtig, Raum für neue Erinnerungen zu schaffen. Vielleicht neue Rituale zu beginnen, neue Cafés zu besuchen, ein neues Land im Urlaub zu entdecken, am Wochenende andere Dinge zu machen als bisher. Neue

Musik oder Künstler zu hören. Das eröffnet neue Perspektiven und eben Raum für neue, frische Erinnerungen. Damit die Erinnerungen an das Früher Gesellschaft bekommen von schönen Erinnerungen der jüngsten Vergangenheit.

WEGWEISER #21: DIE EIGENE SEELE ZU BESUCH BITTEN UND IHR ZUHÖREN. Warum ist das notwendig und wie geht das?

Es geht darum, Raum und Gelegenheit für das Alleinsein zu schaffen. Echter Rückzug ist eine Hinwendung zu sich selbst. Es ist absolut wichtig, Zeit zu finden und sich Zeit zu nehmen für die innere Arbeit. Ohne Menschen, ohne Musik. Es braucht nicht viel, aber von der Stille eine Menge. Das geht nicht mal eben. Ein ausreichend großes Zeitfenster benötigen wir daher auch. Im Wald, alleine zu Hause, beim Laufen ohne Musik. Ohne Alkohol – er macht leider meistens zu schnell müde und die Gedanken unscharf, um bei sich anzukommen. Die To-do-Listen endlich zur Seite legen. Das Handy auf Flugmodus stellen. Sich in eine schöne Umgebung begeben. Ausatmen.

Runterkommen und bei sich ankommen – das kann dauern, wenn die Seele keine Übung darin hat. Der Denkstaub, der im Kopf umherwirbelt, muss sich erst mal legen. Dann kann man die eigenen Gedanken aus dem Unbewussten kommen lassen, ohne sie zu forcieren oder zu erzwingen. Irgendwann fangen sie an zu fließen. Dann aufmerksam sein, den Stift in die Hand nehmen und aufschreiben, was da kommt an Gefühlen, Überlegungen, Erkenntnissen, Fragen, Aha-Momenten und Ideen. Nach einer Weile ist man leer gelaufen, und die Seele hat für heute zu Ende gesprochen. Sie geht wieder, der Verstand schaltet sich wieder ein. Das war schön! Wir sehen uns bald wieder, liebe Seele. Schauen Sie, was die Seele für Ihren Verstand dagelassen hat an Denkstoff. Spüren Sie nach und lassen Sie es wirken.

**WEGWEISER #22: DAS PROFIL SCHLECHTER GESPRÄCHS-
PARTNER.** Oft merken wir erst im Gespräch oder danach, dass unser Gegenüber uns leider nicht so gut tut wie erhofft – obwohl er oder
sie eigentlich ein netter Mensch ist. Es ist durchaus nicht einfach, gute
Gesprächspartner zu finden. Nicht viele Menschen in unserem Umfeld
sind erfahren genug, um uns durch eine Phase der Lebensmitte mit
Reife, Distanz zur eigenen Person und Weitsicht zu begleiten.

Prüfen Sie deshalb: Hört der Gesprächspartner Ihnen wirklich
zu? Oder ist er damit beschäftigt, sein eigenes Leben mit dem Ihri-
gen abzugleichen? «Also bei mir ist das so …» Oder startet der Zuhörer, wie ich es nenne, «die Olympiade des Leids»? «Ja, ich weiß, dass
ist schrecklich. Also meine Mutter hatte Alzheimer UND auch noch
Parkinson!» Eigentlich könnte der Hinweis, dass auch anderen Leid
widerfährt, tröstlich sein. Aber wie oft fühlt sich der Betroffene dadurch nicht ernst und wahrgenommen. «Na, hör mal. Nur Alzheimer.
Das geht doch noch!»

Hört der Gesprächspartner gerne Sensationsgeschichten und nutzt
Ihr Mitteilungsbedürfnis für sein Wohlgefühl? «Gott sei Dank, bei mir
ist es ja nicht so schlimm.» Er könnte auch ersatzweise eine Klatschzei-
tung lesen, wie es bei den Royals zugeht. «Nein, erzähl mal – wie war
das mit deinem Chef, deinem Mann, deiner Mutter? Ist ja unglaublich!»

Wenn Leute Sie immer wieder mit bestimmten Fragen löchern,
überlegen Sie: Ist diese Frage wirklich Ihre Frage, oder wird sie durch
die Wiederholung zu Ihrer Frage gemacht? Es kann sein, dass Sie diese Frage gar nicht weiterführt, sondern im Gegenteil: zurück in den
Schmerz und in ungute Gefühle. Nadja, eine Coachingkundin, berichtet von einer Freundin, die immer wieder im Gespräch ausloten und
besprechen wollte, wie ungerecht und erniedrigend doch die Affäre
und dann die Trennung des Ehemannes von Nadja war. Das ist Nadja
natürlich selbst schmerzlich bewusst, und sie hat eigentlich wenig

Lust, sich immer wieder damit zu beschäftigen. Es ist aber schwer, ihre Freundin von dieser empathisch gemeinten Endlosschleife abzubringen. Sie ist einfach keine gute Gesprächspartnerin in dieser Situation.

Ein anderer Coachingkunde, Andreas, berichtet von dem Exkollegen, der immer wieder über den unangenehmen und herrischen Chef, der ihm unschön gekündigt hatte, lästern wollte. Andreas will endlich von dieser Episode Abschied nehmen. Sein Exkollege erinnert ihn immer wieder schmerzlich daran. Auch er ist einfach ein ungeeigneter Gesprächspartner.

Dann gibt es noch die Gesprächspartner, die einem etwas deutlich machen wollen, nur nicht die richtige Einstellung zu dem Ereignis oder zum Leben zu haben: Der Jobverlust sei eigentlich eine Chance. Die Krankheit könne mit Optimismus bekämpft werden, die Ehe mit Zuwendung und Freundlichkeit oder dem richtigen Kick Aufregung gekittet werden. Oder: «Was hast du eigentlich? Dir geht es doch eigentlich gut!» Solche Gesprächspartner suggerieren einem, man funktioniere einfach nicht richtig. Krisen gibt es nicht, sondern man braucht, bitte schön, nur die richtige Einstellung.

All diese Gesprächspartner werden Ihnen wenig bringen, außer dass Sie selbst beim Reden möglicherweise laut denken können. Diese Gespräche kosten in der Regel mehr Kraft und Zeit, als sie Erhellung und Energie schenken.

WEGWEISER #23: DAS BEUTESCHEMA FÜR GUTE GESPRÄCHSPARTNER. Schauen Sie nach Menschen, die gute Fragen stellen können, die nicht nach Sensationen heischen, nicht nur ihre eigene Geschichte erzählen wollen, sondern gute Zuhörer sind und an Ihnen um Ihretwillen interessiert sind. Suchen Sie nach Menschen, die konkrete Erfahrung mit dem Thema, das Sie beschäftigt, haben und vielleicht gute Hinweise und Tipps geben können. Der Rat von fremden Leuten kann einen manchmal weiter bringen als gutgemeinte

Tipps von nahen Freunden, die sich mit dem konkreten Thema nicht wirklich auskennen. Also: keine Angst vor Fremden! Schließlich ist es immer noch an Ihnen, zu bewerten, ob Sie aus Ihrer Erfahrung etwas für sich ableiten können, einen Rat annehmen wollen oder nicht.

Nicht zuletzt: Suchen Sie sich Profis als Gesprächspartner, Beratungsstellen, Coaches, Anwälte, Ärzte und Berater, deren Auftrag es ist, Ihnen mit ihrer jeweiligen Expertise zu helfen. Das kostet natürlich in der Regel ein Beratungshonorar, bringt einen in der Sache aber schneller vorwärts.

WEGWEISER #24: HABEN SIE GEDULD UND LASSEN SIE DIE DINGE SICH ENTWICKELN. Sie werden viele Gespräche führen, die vielleicht erst nicht zu einem direkten Ergebnis führen. Aber sie helfen, Gedanken weiterzuverfolgen, Informationen zusammenzutragen, Optionen zu prüfen, Kontakte zu knüpfen, die später wichtig werden können. Sie sind die Forschungs-und-Entwicklungs-Abteilung in eigener Sache. Lassen Sie sich von dieser Such- und Aufbauarbeit nicht entmutigen. Am Ende ist jedes gute Gespräch ein Baustein für das neue Lebensgebäude.

PHASE 3:
WIE HALTE ICH
ES AUS?

In dieser Phase sind wir in einem Zwischenraum. Wir sind aufgebrochen. Wir haben uns vom alten Leben, vom alten Status quo, schon entfernt. Wir können nicht einfach mehr zurückgehen und so tun, als sei nichts gewesen. In der Regel sind die neuen Ideen aber nur als erste Skizze erkennbar. Noch verwerfen wir die eine oder andere oder verfeinern unsere Skizzen Schritt für Schritt. Es ist eine Zeit, in der noch nicht viel klar ist. Wir erfahren Unsicherheit und müssen diese aushalten. Wir müssen immer wieder nach Halt suchen, uns orientieren und Mut fassen für unseren sehr eigenen Weg des Aufbruchs.

«Sucht den Sinn statt das Glück!» So lautet der Kerngedanke vieler Autoren wie des Psychiaters Manfred Lütz oder des Berliner Philosophen Wilhelm Schmidt, die sich in ihren Büchern mit der Glückssuche beschäftigen. Glück lässt sich demnach nicht herstellen. Glück ist nicht das Ergebnis eines «Willens- oder Bewusstseinsaktes».

WEGWEISER #25: DIE SUCHE NACH DEM SINN. Viele Menschen in der Lebensmitte suchen nach neuem Sinn. Manche stellen sich überhaupt zum ersten Mal die Frage, was Sinn im eigenen Leben bedeuten soll. Allein dazu könnte man jetzt ein Buch schreiben – und es wäre nicht das erste zum Thema.

Die Sinndiskussion ist ein Dialog, der sich durch die Jahrhunderte zieht. Zu Recht. Und so gibt es auch keine universelle Antwort auf die Fragen: «Was ist Sinn für dich? Wofür stehst du auf?» Das sind die spannenden Fragen, gerade, wenn man schon 20 bis 25 Jahre als erwachsener Mensch auf der Erde unterwegs ist. Wir haben in der Lebensmitte in der Regel schon beides erlebt. Sinnhaftigkeit und tiefe Sinnlosigkeit. Wir haben gelernt zu unterscheiden. Viele von uns werden in der Lebensmitte dünnhäutiger, wenn sie zu viel Sinnlosigkeit –

dazu zählt auch vergebliche Mühe – in ihrem Alltag ausmachen. Das trägt zu der Unruhe in der Lebensmitte bei, die zum Aufbruch führt. Gut so.

Karsten, 49 Jahre: «Sinnstiftend sind für mich Gespräche, die mich angehen, weil sie für beide Gesprächspartner wirkliche Relevanz haben, den Geist nähren, die Seele erfreuen, Verbundenheit und Austausch bieten. Neulich fand ich mich wieder in einer klassischen Smalltalkrunde. Gott, ist es öde, nur aufeinanderzuhocken und die ewigen ‹Wer-hat-es-besser-raus-Spiele› zu spielen. Oder: ‹Wer gehört dazu?› Das sind feine Differenzierungs- und Ausgrenzungsspiele, bei denen alles im Leben miteinander verglichen wird. Dann gibt es noch den Genuss-Saufen-und-Rumlaber-Modus. Auch nicht selten: Die Männer reden über ihre Jobs oder das Geschäft, wahlweise über Fußball, die Frauen über Kinder, obwohl sie Berufe haben. Und das im Jahre 2016! Gähn.»

Jenny, 44 Jahre: «Genuss ist für mich Sinnhaftigkeit, den Körper und die Natur zu spüren. Oder auch entspannte Zeit mit meinen Kindern zu verbringen: Ihr Tempo aufzunehmen. Ich nenne es ‹joy of life time›. Ich versuche, mich dem umtriebigen, aktionistischen Schwachsinn meines Umfeldes, sooft es geht, zu entziehen.»

Anja, 49: «Sinn heißt, als Ärztin aktiv zu sein. Zu heilen. Menschen zu helfen. Sinn heißt, Kinder zu begleiten. Ihnen etwas beizubringen. Sinn heißt, wirksam zu sein, etwas zu verändern, was wichtig ist und Bedeutung hat. Sinn heißt, etwas Schönes herzustellen.»

Tanja, 46 Jahre: «Sinn heißt für mich, die Menschen daran zu erinnern, dass sie selbst für unsere Gesellschaft zuständig sind. Sie aufzurufen, sich an der Bürgergesellschaft zu beteiligen. In Vereinen, Initiativen, Projekten oder Stiftungen. Das war schon immer wichtig – heute aber mehr denn je.»

Matthias Dobrinski, Journalist, 52, beschreibt die Suche nach dem Sinn in einem Aufsatz der *Süddeutschen Zeitung* so: «Sinn bedeutet, die Welt jenseits der Selbstbeschäftigung zu sehen, sich auf Gemeinschaft und Verantwortung einzulassen. Wer nur dem Wohlfühlglück nachjagt, kann andere Menschen nicht wirklich lieben, keine Kinder erziehen oder Alte pflegen. Er kann aber auch keine Weltliteratur schreiben oder ein Medikament entwickeln – der Sinnsucher kann das alles schon. Und dann ist es auf einmal da, das Glück. Es lässt sich, wie ein wildes Tier, nicht fangen, zähmen, züchten. Das Glück muss frei sein, sonst ist es kein Glück.»

Die Liste dessen, was Sinn für einen bedeuten kann, ist ewig lang und – das ist das Schöne – hoch individuell. Fragen Sie sich: Was ist sinnvoll für Sie jetzt hier in der Lebensmitte? Welche Ihrer Gaben können Sie einsetzen, um diesen Sinn zu stiften? Wie können Sie diesem Sinn in Ihrem Leben einen Platz einräumen? Vielleicht einen größeren als bisher?

WEGWEISER #26: GEDULD MIT SICH HABEN UND ZEIT MITBRINGEN. Jetzt bewegt man ein Thema der Lebensmitte schon eine Weile und ist immer noch nicht klar. So langsam wird man mit sich unzufrieden. Oder die Freunde stellen anheim, dass doch langsam wieder alles gut sei. Zum Beispiel nach der Trennung: Sie fragen nach, ob man schon wieder verliebt sei? Oder stellen einem «Martina» vor mit dem Hinweis: «Die ist auch geschieden.» Oder sie fragen, ob es jetzt klar wäre, dass man sich selbständig machen will, weil man das vor sieben Monaten mal erwähnt hat.

Achtung, Falle: Seien Sie geduldig mit sich. Es geht nicht darum, dass Sie funktionieren müssen, so wie die anderen sich das vorstellen. Veränderungen und Transformationen brauchen und kosten Zeit für ihre Entwicklung und Reife. Wichtig ist, dass Sie innerlich an Ihren Entwicklungsthemen dranbleiben. Sie bestimmen das Tempo der Transformation. Alles andere ist Aktionismus und dient der Schauseite zum Freundes- und Sozialkreis – und nicht Ihnen.

WEGWEISER #27: DINGE AKZEPTIEREN, WIE SIE SIND. «Et es, wie et es», lautet Artikel 1 des *Rheinischen Grundgesetzes*, einer Sammlung rheinischer Redensarten. Manchmal ist es an der Zeit, die Dinge so zu akzeptieren, wie sie sind: Der Jobverlust, die dauerhafte Unzuverlässigkeit oder räumliche Abwesenheit des Partners – ja, und letztlich muss auch der harte Verlust eines lieben Menschen über die Zeit akzeptiert werden. Man kann nichts von dem rückgängig machen oder verändern. Das ist der Teil, der das Erleben so schwer macht. Vielleicht gelingt die Akzeptanz jedoch etwas einfacher, wenn wir anfangen, uns weniger mit dem Ende an sich zu beschäftigen als vielmehr mit der Frage, wie wir damit umgehen (siehe auch Irrtum 7: «Das passiert mir doch nicht») und einen neuen Anfang finden. Was kommt also, wenn wir einsehen müssen, dass Dinge unabänderlich so sind, wie sie sind? Pablo Picasso sagte einmal: «Wenn mir Blau ausgeht, dann male ich mit Rot weiter.» Unser Umgang mit der Einschränkung, der Enttäuschung, der Veränderung oder dem Verlust ist jetzt gefragt: Was machen wir mit der neuen Situation, die wir nicht herbeigerufen haben? Was verändert sich, wenn wir mit Rot weitermalen? Malen wir am gleichen Motiv unverdrossen weiter? Entwickeln wir die Bildidee weiter? Oder wird es jetzt ein ganz neues, vielleicht ungewöhnliches, aber sogar viel besseres Motiv? Und was ist unser Blau?

Die meisten Verluste und Einschränkungen bedeuten nicht das Ende, auch wenn es sich erst so anfühlt – und sie bedeuten auch nicht, dass alles so bleibt oder bleiben muss, wie es ist, wie in dem Moment nach der Veränderung. Die Frage lautet: «Was mache ich daraus?» Es geht darum, Dinge anzunehmen und sie als neuen Ausgangspunkt für weitere Gedanken und starke Pläne zu nutzen.

WEGWEISER #28: ORTEN SIE IHRE «RESILIENZ-FAKTOREN» UND NUTZEN SIE IHRE WIDERSTANDSFÄHIGKEIT IN KRISENZEITEN.

Über das psychologische Konzept – ursprünglich aus den siebziger Jahren – der Resilienz, also das Gedeihen in schwierigen Situationen und Umständen, ist in den letzten Jahren eine Menge geschrieben worden. Das Konzept konzentrierte sich früher auf die psychologische Widerstandskraft von Kindern, die in schwierigen Situationen groß werden und sich wider Erwarten gut entwickeln. Heute wird das Konzept sehr breit diskutiert und interpretiert – bis hin zu Fragen der Resilienz von Unternehmen.

Es geht dabei um die psychische Widerstandsfähigkeit in Krisenzeiten. Diese aufzubauen gelingt, indem man auf Faktoren zurückgreift, die Ressourcen darstellen. Etwa eine bestimmte Tätigkeit, beispielsweise der Beruf, ein Glauben oder eine bestimmte Person, die einem in einer schwierigen Phase hilft.

Kennen Sie Ihre Resilienz-Faktoren, auch wenn Sie sie nie so nennen würden? Was hat Sie schon immer gestärkt und könnte Ihnen (wieder) Kraft geben in schweren Zeiten? Ist es das Musizieren? Eine gute Predigt im Gottesdienst? Ein Gebet? In Ruhe etwas zu lesen? In die Sauna zu gehen? Ein Konzert? Ein Essen mit der Familie? Das Gespräch mit Ihrer Freundin? Nutzen Sie diese Faktoren, um sich selbst zu stärken.

WEGWEISER #29: WOHER HOLE ICH KRAFT FÜR DIE LEBENSMITTE?

Was bringt meinen Garten im übertragenen Sinn zum Blühen? Was bringt mir Freude, aus der ich Kraft schöpfen kann? Wo genieße ich Liebe und Harmonie? Vielleicht in stiller Einkehr. Man kann kreative Kraft aus der Einsamkeit – dem Alleinsein – schöpfen. Statt Multitasking etwas mit Muße und in Ruhe tun zu können kann die Batterien wieder aufladen.

Hier einige Zitate meiner Coachingkunden:

«Tatsächlich sind es für mich der Umgang mit Blumen und die Arbeit im Garten, bei anderen mag es etwas anderes sein. Für meinen Mann ist es Kochen – ich finde das dagegen anstrengend.»

«Täglich zwei, drei Stunden für mich haben. Mir selbst Partner zu sein. Ich brauche Zeit, um mich wieder zu erholen. Wie mein leeres Telefon, das an die Aufladestation muss.»

«Ich finde jedes Wochenende beim Laufen Zeit, um mich zu sammeln.»

«Ich gehe in Konzerte, Musik trägt mich. Danach bin ich erfrischt und mit mir im Reinen.»

«Berührung. Ich gehe deswegen gerne zur Massage, wenn ich mal wieder total durch bin von diesen Themen. Da bekomme ich Berührung, die nichts von mir fordert.»

Finden Sie Ihre Kraftquellen, probieren Sie es aus. Suchen Sie diese kleinen Tankstellen regelmäßig bewusst auf. Das ist ganz wichtig. Schließlich machen Sie einen Marathonlauf. Seien Sie gut zu sich.

WEGWEISER #30: SEIEN SIE DANKBAR FÜR DIE GESTALTUNGSCHANCE UND NUTZEN SIE SIE. In der Lebensmitte haben wir, wenn wir gesund sind – und so Gott will –, noch sehr viel Lebenszeit vor uns! Das ist ein großes Glück und ein kostbarer Schatz. Gleichzeitig macht uns diese Zeitspanne auch klar, dass wir nicht einfach alles lassen können, wie es ist. Mit 47 Jahren unzufrieden zu sein im Job macht deutlich, wie dringend wir etwas für die eigene Weiterentwicklung tun müssen. Es liegen noch 20 Jahre Berufstätigkeit vor uns. Hier nicht aktiv zu werden und einen neuen Plan zu entwickeln wäre gegen jede Vernunft und ein Verbrechen am beruflichen und persönlichen Glück. Doch gerade der Ausblick auf diese lange Spanne erschöpft viele Leute. Sie müssen nicht nur von etwas wegwollen, sondern auch eine Idee entwickeln, was das neue Ziel sein könnte.

Das Unwohlsein, die Unzufriedenheit, die Unruhe, vielleicht auch das Unglück über das, was ist oder nicht mehr ist, verstellt vorerst den Blick auf die zweite Chance, die wir haben, unser Leben in jetzt passende Bahnen zu bringen.

WEGWEISER #31: ES IST NICHT DAS ENDE: SIE HABEN ALLES, WAS SIE BRAUCHEN. Wir fühlen uns schwach und klein. Doch was uns umtreibt, ist vielleicht eine Krise, eine Entwicklungsphase – es ist aber keine Katastrophe. Es ist kein Grund durchzudrehen, und es ist auch nicht das Ende. Es gilt, sich selbst durch diese Phase hindurchzuführen und zu entdecken, was in einem steckt. Wir sind in der Lebensmitte angekommen und haben alles, was wir brauchen, um uns weiterzuentwickeln. Unsere Ressourcen sind zum Beispiel Erfahrung, Wissen, Talent, vielleicht etwas finanzielles Vermögen, ein Netzwerk an Menschen, Ideen, das Wissen, wie die Welt funktioniert. Was können Sie noch hinzufügen?

WEGWEISER #32: DIE UNGELIEBTE DISZIPLIN DER DISZIPLIN. Wir befinden uns also langsam auf einem neuen Weg. Vorsichtig, tastend. Es gilt, neue Dinge auszuprobieren. Das erfordert zum Teil neue Verhaltensweisen oder das Aufhören mit schlechten Gewohnheiten. Das kann die Gewohnheit sein, alte, schmerzliche oder auch schöne E-Mails oder SMS des Expartners wieder und wieder zu lesen. Nicht in Gesprächen aufzuhören, sich über die alte Firma und den unmöglichen Chef aufzuregen, der einen nicht vor dem Jobverlust geschützt hat. Oder in alte schädliche Ernährungsgewohnheiten zurückzufallen, obwohl man es besser weiß. Oder in Selbstmitleid zu zerfließen, weil man es gerade schwerer hat als die anderen – vielleicht sogar objektiv gesehen.

Sie merken im Gegensatz zu früher bereits, dass Ihnen diese Dinge mehr schaden als nutzen. So gesehen sind Sie schon ein Stück weitergekommen. Damals haben Sie Dinge getan, ohne glasklar vor Augen zu haben, dass Sie am Alten festhalten. Jetzt wissen Sie es zwar, machen es aber trotzdem. Na toll – und nun?

Es ist eine Art Selbstboykott, den wir in diesen Momenten praktizieren. Wir geben dem Impuls nach, das Gewohnte oder Naheliegende zu tun, und haben vielleicht kurzfristig einen Gewinn davon: Wir lassen Dampf ab oder laben uns an den schönen Worten in den Mails. Wir wissen aber, es schadet unseren längerfristigen Zielen. Wir wissen es besser – handeln aber nicht danach. Was ist los?

Möglichkeit 1: Der Leidensdruck ist nicht hoch genug. Dann muss es manchmal schlimmer kommen, bevor es besser wird. Die Einsicht, dass wir selbst verantwortlich sind für unser Tun, ist ein langsamer Gaul. Das kostet vor allem Lebenszeit und ist schade um die Energie, die in die falsche Richtung und nicht in Richtung unserer neuen Ziele fließt.

Möglichkeit 2: Selbstboykottierende Verhaltensweisen zu durchbrechen, ist nicht einfach und erfordert etwas Altmodisches: Disziplin. Disziplin hat leider einen schlechten Ruf, klingt sie doch sehr nach Kasernenhof, Zucht und Ordnung. Wenn jemand als diszipliniert bezeichnet wird, hört sich das schnell freudlos, mechanisch und nach Salatziege an. Aber versuchen wir diesen Begriff doch mal etwas weiter zu fassen und in den Kontext des Aufbruchs in der Lebensmitte zu stellen.

In der Tat geht es in der Lebensmitte darum, eine neue Ordnung zu finden und zu schaffen – zumindest in Teilbereichen. Disziplin heißt in diesem Zusammenhang, konsequent und konsistent zu handeln, um den eigenen Zielen und formulierten Ansprüchen stückweise näher zu kommen. Es geht um die Fähigkeit, sich selbst, sein eigenes Verhalten zu regulieren, darauf Einfluss zu nehmen – und nehmen zu wollen. Diese Fähigkeit hat im Prinzip jeder – der eine geübter, der andere ungeübter. Es geht darum, das längerfristige Ziel der kurzfristigen Belohnung unterzuordnen.

Man könnte Disziplin auch übersetzen mit: sich dem Leben mit seinen Herausforderungen, Ansprüchen und Anstrengungen zu stellen. Anders zu handeln als bisher. Neues auszuprobieren. Das ist natürlich anstrengender, als das Alte rauszuholen und endlos zu wiederholen.

Verhaltensweisen und Gewohnheiten zu verändern ist nicht leicht. Man muss es einüben, bis das Neue normal, zur neuen Gewohnheit wird. Selbstdisziplin, also die Fähigkeit, auf das eigene Verhalten Einfluss zu nehmen, ist in diesem Kontext kein Zuchtmeister, sondern ein Helfer und Wegbereiter, den man lernen kann zu schätzen und zu mögen. Es muss ja nicht gleich Liebe sein.

WEGWEISER #33: DEN SELBSTBOYKOTT BOYKOTTIEREN.

Wenn Sie sich, wie in Wegweiser #32 beschrieben, das nächste Mal beobachten, wie Sie sich selbst boykottieren, rufen Sie sich innerlich ein kurzes «Das ist nicht hilfreich!» zu und stellen Sie sich bewusst dem alten Reflex entgegen. Es ist wie ein inneres Stoppschild, das Ihnen helfen kann, sich noch mal an das Versprechen sich selbst gegenüber zu erinnern: «Du hast etwas Besseres vor!»

Erinnern Sie sich auch gleich an etwas Weiteres: an das gute, zufriedene Gefühl hinterher, dem Neuen, nicht dem Alten, Raum gegeben zu haben.

PHASE 4: AUFBRUCH WAGEN

Nach Zeiten des Umbruchs, der Unklarheit und manchmal der Unsicherheit: Irgendwann ist es so weit. Manchmal sogar sehr schnell. Wir machen uns an den Aufbruch. Das passiert oftmals von uns selbst unbemerkt. Wir hören etwas. Wir werden neugierig. Stellen Fragen, fangen an zu lesen. Aus dem Nebel der Zukunft formieren sich neue Ideen, erste Handlungsoptionen. Wir fangen an, neue Wege im Geiste zu gehen. Was wäre, wenn?

Malte, 39: «Langsam sah ich wieder Licht am Ende des Tunnels. Durch meine Zusatzausbildung traf ich zunehmend auf Menschen, die mir etwas Neues mitzuteilen hatten. Es waren nicht diese auslaugenden Gespräche mit meinen Kollegen, die sich inhaltlich immer im Kreis gedreht hatten. Das war ein ganz neues, warmes Gefühl. Die Ausbildung war ein Fenster zu einer neuen Welt. Daraus habe ich die Kraft gezogen, weiterzumachen und zu sehen, wohin mich diese Ausbildung – parallel zum Job – tragen würde.»

WEGWEISER #34: ERWARTEN SIE NICHT EIN FÜLLHORN AN OPTIONEN. Uns wird schrittweise klarer, was wir jetzt suchen und wollen – was aber auch nicht. Am Anfang der Suche dachten wir oft: Wo soll man nur anfangen zu suchen, wonach entscheiden? Die Bandbreite der Handlungsoptionen ist, so stellen wir später fest, in der Regel aber gar nicht so riesig.

Woran das liegt? In der Lebensmitte sind einfach etliche Dinge festgelegt, die wir gut finden und nicht über Bord werfen wollen. Oder können. Das sind zum Beispiel finanzielle Verpflichtungen, der Wohnort, von dem wir nicht wegwollen, oder die Tatsache, dass wir unser bisheriges Metier nicht gänzlich verlassen wollen oder können, weil es uns fachlich überhaupt eine Basis bietet, um Geld verdienen zu können. Und, ganz wichtig: Wir haben erfahren und können formulieren, was wir nicht (mehr) wollen.

Es gibt in der Regel daher kein Füllhorn von Optionen, die vor uns liegen und geprüft werden wollen, sondern vielleicht eine Handvoll. Mehr braucht es aber auch gar nicht. Dafür passen die neuen Optionen besser denn je. Die vergangene Zeit, die Phasen des Durchdenkens und Durchfühlens und die Erkenntnisse daraus, helfen, uns zu orientieren, zu filtern. Wir sind bereit für den Aufbruch, auch wenn es nur erste kleine Schritte sind.

WEGWEISER #35: ES GEHT NICHT DARUM, WEGE ZU WÄH-LEN, DIE ALLEN GEFALLEN. Es geht darum, den eigenen Weg zu finden – im Zweifel sogar erst diesen zu ebnen.

Anna, 40, hat in einem großen Unternehmen gearbeitet und kündigt eine sichere Management-Position, um in einem kleineren Beratungsunternehmen eine Beraterposition zu übernehmen. Dies ermöglicht ihr, erste Beratungserfahrung zu sammeln, was bei etablierten, großen Beratungsunternehmen so nicht möglich gewesen wäre. Bei ihrem bisherigen Arbeitgeber hat keiner verstanden, warum sie ihren guten Job aufgegeben hat. Sie bleibt nicht lange bei diesem kleinen Beratungsunternehmen, sondern wechselt bereits nach einem Jahr in ein größeres, internationales Beratungshaus. Das ist so nicht geplant gewesen, hat aber den Weg in eine erfolgreiche Beraterkarriere geebnet.

Mathilda, 44 Jahre: «Ich habe nach der Geburt meines Sohnes und meiner eigenen Krebserkrankung erkannt, was ich wollte: Ich wollte mich selbständig machen, auch wenn es bedeutet, wirtschaftliche Risiken einzugehen. Ich möchte ein sinnvolles, wirksames und auch schönes, attraktives Gesundheitsprodukt auf den Markt bringen, das speziell Frauen guttut. Dabei kann ich von meinen Marketingkenntnissen profitieren. Das macht mich sehr glücklich. Das Unternehmen ist noch ganz neu – aber der Anfang ist gemacht!»

WEGWEISER #36: WO IST VORNE? Manchmal ist es nicht einfach zu sagen, wie es weitergehen soll. «Alles hat seine Vor- und Nachteile», sagen meine Kunden. Ja, genau. Kein Weg birgt nur Vorteile. Es geht darum, Optionen – wenn man sie denn vor Augen hat – klug abzuwägen.

Denkworkshop

Was jetzt folgt, ist ein Denkworkshop, den Sie alleine durchführen können. Gespräche mit anderen können zusätzlich helfen, aber letztlich ist Selbstreflexion durch nichts und niemanden zu ersetzen. Ein paar Anregungen zu den richtigen Gesprächspartnern finden Sie bei Wegweiser #3: «Beistand und Beratung holen» und Wegweiser #23: «Das Beuteschema für gute Gesprächspartner».

Als Basis des Denkworkshops dienen die drei Geschichten vom Lassen, Bleiben und Neuanfangen aus Irrtum 1: «Du bist angekommen!» Die Geschichten führen zu wichtigen Fragen, die Sie sich stellen und beantworten können. So finden Sie schrittweise den richtigen Weg für Ihre Situation.

Haben Sie beim Nachdenken etwas Geduld mit sich. Manche Antworten werden Sie schnell formulieren können, andere bilden sich erst nach längerer Denk- und Abwägungsarbeit.

Suchfeld 1: Lassen und loslassen

In der Geschichte vom Loslassen aus Irrtum 1 ging es um Alexandra, die immer von einer großen Familie geträumt hat, erst mit 38 Jahren Mutter wird, fünf Jahre später ohne Vorwarnung von ihrem Mann verlassen wird und nach einiger Zeit schließlich akzeptiert, was passiert ist – obwohl sie sich das alles ganz anders vorgestellt hatte.

Wenn wir eine neue Richtung in der Lebensmitte suchen, denken wir zuallererst daran, etwas Neues finden zu müssen. Effektiver ist es, sich zuerst Gedanken über das Lassen und Loslassen zu machen:

- Was kann ich loslassen, weil es für mich jetzt nicht mehr funktioniert? Nicht alles, was bisher gut oder wichtig war, muss es weiterhin noch sein.
- Von welcher Vorstellung von mir, meiner Umwelt, meinem Beruf muss ich mich lösen, weil diese Vorstellung mich nicht mehr glücklich macht, sondern – im Gegenteil – mich beispielsweise immer wieder enttäuscht?
- Wovon sollte ich lassen, weil es meine Energien fruchtlos bindet und mich müde macht? Damit sind Umstände meines Berufes, meiner Familie, aber auch Personen gemeint. Was oder wer sind die Energieräuber, die mich auslaugen?
- Was kann ich lassen, weil ich es schon gehabt oder erlebt habe? Und weil es einen hohen Preis hat, es weiter halten zu wollen. «Es» sind beispielsweise eine bestimmte berufliche Position oder das Leben mit einem spannenden, aber übervollen Terminkalender, gespickt mit Events und anstrengenden Verpflichtungen. «Es» kann auch die Idee sein, nochmals in eine neue Stadt zu wechseln, oder die Idee eines weiteren Kindes. Das sind nur Beispiele. Für jeden Einzelfall finden sich beim Nachdenken spezifische Beispiele, die passend sind und geprüft werden sollten.
- Lohnt es sich, Dinge für zumindest kurze Zeit, ein paar Wochen oder Monate zu lassen? Aufzuschieben? Oder versuchsweise zu lassen, um zu sehen, was sich bewegt? Vielleicht entsteht etwas Neues, Unvermutetes?

Etwas zu lassen oder loszulassen schafft Raum für neue Gedanken und Lebenszuschnitte.

Auf der anderen Seite sollten wir uns aber auch fragen, an welchen Teilen des Lebens wir festhalten wollen.

Die Geschichte vom Bleiben aus Irrtum 1 erzählt von Bettina, die trotz vieler für sie unglücklicher Veränderungen in ihrer Firma geblieben ist, heute die Controlling- und Finanzabteilung dort leitet und inzwischen über diese Entscheidung sehr mit sich selbst im Reinen ist.

Wie kommt man dazu, nach so vielen negativen Vorkommnissen dennoch zu bleiben? Läuft das Fass nicht irgendwann über?

Vorab: Es braucht mehr als die gängige Methode des Anlegens einer langen Liste mit Vor- und Nachteilen (siehe auch Wegweiser #48: «Wie fällt man schwere Entscheidungen?»).

Meistens fängt es in der Berufswelt mit einer äußerlichen Ausnahmesituation an. Es wird etwas angekündigt, das den Status quo verändert. Ein neuer Vorgesetzter, die Zusammenlegung von Abteilungen, die Streichung von Projekten oder Budgets. Die Kollegen stehen in den Büros und vor den Kaffeemaschinen und diskutieren. Möglicherweise erwischt sie die Neuerung eiskalt. Oder es bestätigen sich endlich die Gerüchte, die seit Wochen auf den Fluren kursieren. Alle Betroffenen rechnen innerlich hoch, wie lange sie schon im Unternehmen sind und wie lange sie eigentlich noch bleiben wollten. Sie rechnen, wie lange ihre Kinder noch in der Ausbildung sind. Und jetzt? Was soll man tun? Ihnen schwirrt der Kopf.

Ein anderes Szenario sieht so aus: Es gibt keine äußeren Anlässe, sondern ein innerer Prozess findet erst unmerklich, dann immer drängender statt. Die eigenen Aufgaben reizen einen nicht mehr. Die ewig gleichen Gespräche, Diskussionen, internen Kämpfe sind schal geworden. Der Verlauf eines Tages, einer Arbeitswoche, eines Jahres in dieser Branche sind vorhersehbar wie Ostern, Sommerferien, Laternelaufen und der Verlauf von Weihnachten. Man funktioniert und langweilt sich dabei. Manchmal leidet sogar die eigene Leistung. Diese Entwicklung lässt die Erkenntnis reifen, dass es so nicht weitergeht. Dieses Gefühl wächst über Monate und erhärtet sich über Jahre. Die Erkenntnis, dass der Weg so in eine Sackgasse führt, lässt Sie erschrecken und fast erstarren, denn es hängt eine Menge daran.

Ein drittes Szenario ist eine Mischung aus beidem. Es ist einem eigentlich schon seit Monaten klar, dass es so nicht weitergehen kann, und dann fällt eine Entscheidung – eine Veränderung von außen. Und jetzt? Was soll man tun? Ihnen schwirrt der Kopf.

Bleiben und nichts tun ist die erste – und nicht immer die schlechteste – Handlungsalternative, die man zumindest für die erste Zeit ernsthaft in Erwägung ziehen sollte. Überprüfen Sie:

- Was gewinnen Sie möglicherweise durch Aussitzen der Krise?
- Was kann maximal passieren, wenn Sie keinen Einfluss nehmen? Und: Wie beurteilen Sie das in zwei oder fünf Jahren? Wären die Folgen noch immer relevant oder eigentlich zu vernachlässigen?
- Wie viel Aufregung ist wirklich nötig? Lassen Sie sich gerade mitreißen von der Unruhe der anderen?
- Wie groß wird der Schmerzpunkt der Veränderung wirklich sein? Wie dramatisch ist es also am Ende?
- Wo hilft tatsächlich die Geduld des Bleibens, damit sich Dinge über die Zeit wieder ins Positive verändern können?
- Wie können Sie Ihr Durchhaltevermögen steigern, indem Sie sich an anderer Stelle entlasten?
- Sie haben gute Gründe zu bleiben – können Sie dennoch etwas ändern?

Je unübersichtlicher die Lage ist, desto eher sollten Sie abwarten, um die tatsächliche Veränderung besser einschätzen zu können. Vereinbaren Sie mit sich eine Wiedervorlage des Themas in einigen Wochen.

Je nach Temperament und faktischem Leidensdruck kommt früher oder später Plan B ins Spiel. Man braucht ihn, allein um über die Handlungsalternative des Bleibens als echte Alternative nachdenken zu können. Es sei denn, Bleiben ist keine Entscheidung, weil man keine andere Wahl hat. Dann ist Bleiben alternativlos. Das ist selten befriedigend.

Manchmal will, manchmal muss man also Plan B aktiv suchen. Häufig muss dieser erst noch erfunden werden. Leichter ist es natürlich, wenn es ihn bereits gibt, weil man schon oft darüber nachgedacht hat oder sich extern eine Alternative auftut. Plan B ist in der Lebensmitte eine anspruchsvolle Sache und muss ganz anderen Kriterien genügen als zum Beispiel mit Anfang 30. Es müssen viele Bedingungen stimmen und zu dem passen, was man sich bis zur Lebensmitte bereits aufgebaut hat.

- Was bedeutet Plan B inhaltlich und von den Aufgaben her?
- Was bedeutet Plan B finanziell?
- Was mute ich damit meinem (ebenfalls berufstätigen) Partner zu?
- Was mute ich meinen (pubertierenden) Kindern zu?
- Werde ich Zeit haben, mich um meine kränkelnden Eltern zu kümmern?

Meiner Erfahrung nach ist es in der Lebensmitte unabdingbar, einen Plan B für das eigene berufliche Leben zu skizzieren, um ihn in der Hinterhand zu haben (dazu mehr in Irrtum 8: «Deine Firma meint es gut mit dir»). Es geht beim Plan B darum, Optionen zumindest gedanklich zu eruieren, Türen zu öffnen oder offen zu halten. Es geht nicht darum, ein Haar in der Suppe zu finden und zu verzweifeln. Es geht um die Freiheit, in Alternativen denken zu können.

Plan B hat also mehrere Funktionen: Er ist das Sicherheitsnetz, das einen auffängt, wenn Plan A ausfällt. Er ist aber auch ein Maßstab, um einen veränderten Plan A wirklich beurteilen zu können. Plan B ist der erste Entwurf einer Handlungsalternative, auf der man im Fall der Fälle aufbauen kann. Sonst ist bei einer Veränderung das Bleiben wirklich unvermeidlich, und es sind einem die Hände gebunden. Wer will das schon?

Suchfeld 3: Neu anfangen

Zwar liegen im Bleiben oft mehr Schätze verborgen, als man auf den ersten Blick denkt. Manchmal ist es – trotz allem – aber keine Alternative. Dann ist es klar, dass man wegwill oder -muss.

In der Geschichte vom Neuanfang aus Irrtum 1 geht es um Marc, der nach Jahren mit ewig gleichen Aufgaben in seinem Job zunächst die Branche wechselt und dann feststellt, dass es eigentlich die Arbeit innerhalb einer Organisation ist, die ihn belastet. Er wagt den Sprung ins kalte Wasser und macht sich als Unternehmensberater mit seiner Expertise selbständig.

Eine Abwägungsmatrix

Ob Gehen oder Bleiben klüger ist, ist eine Abwägung, die nur gelingt, wenn man die Alternative, den Plan B, dagegenhält. Sei es als reale Alternative, wie zum Beispiel ein Angebot für einen neuen Job, oder zumindest als Gedankenskizze.

Schematisch sieht das so aus:

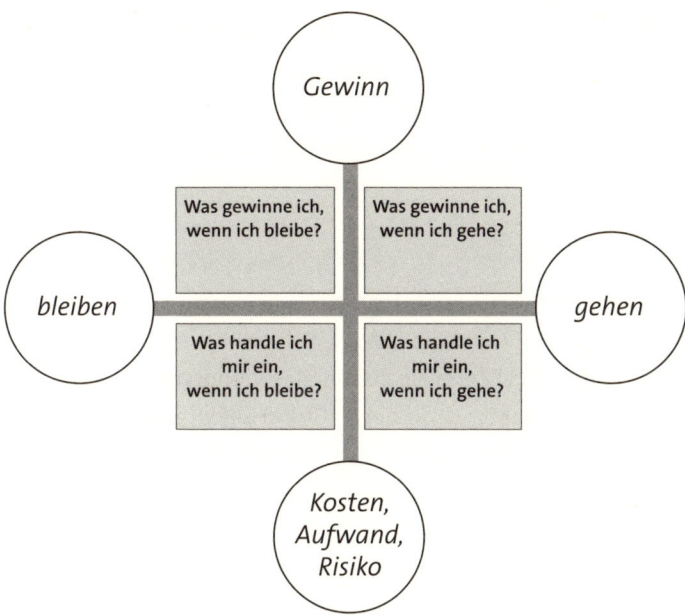

Jedes Fragefeld bringt Folgefragen mit sich. Hier eine kleine, passende Checkliste:

- Was gewinne ich, wenn ich gehe?
- Worin genau liegt die Attraktivität der neuen Aufgabe, der neuen Position?
- Mache ich vom Gehalt her und finanziell einen Sprung? Ist er groß genug, um Nachteile finanziell aufzuwiegen?
- Bekomme ich mehr Einflussmöglichkeiten und Gestaltungsspielräume als bisher?
- Habe ich durch den Wechsel mehr Entscheidungs- und Entfaltungsmöglichkeiten in meinem Leben, als wenn ich bleibe?

Was handle ich mir durch einen Wechsel ein?

Kein Wechsel ist ohne einen gewissen Aufwand an Energie und Mühe, ein Wechselrisiko und faktische Kosten zu haben. Es hängt also eine Art Preisschild dran, das bemessen werden muss.

- Es gibt handfeste Nachteile eines Wechsels. Man kennt das neue Unternehmen nicht, hat dort kein Netzwerk, keine Reputation, die einem Dinge erleichtert. Man fängt quasi bei null an. Die Vorschusslorbeeren, die man mitbringt, sind schnell verbraucht.
- Gerade im ersten Jahr einer neuen Aufgabe erwartet einen mehr Arbeit als je zuvor. Zuerst benötigt die Einarbeitung ihre Zeit. Ein neues internes Netzwerk muss aufgebaut werden. Kontakte zu Kunden müssen neu geknüpft werden. Nichts ist mit Routine leicht zu bewältigen. Und: Man will und muss sich neu beweisen. 110 Prozent Verfügbarkeit und Präsenz wird daher benötigt und mit Sicherheit erwartet.
- Zeitliche oder inhaltliche Freiheiten, die man sich im alten Unternehmen erarbeitet hat und für sich nutzen konnte, sind mit Abgabe des alten Firmenausweises futsch. Sie müssen neu erarbeitet und teilweise erkämpft werden.
- Auch wenn man bisher sehr erfolgreich war: Es besteht auch ein Risiko zu scheitern in der neuen Organisation, an der gestellten Aufgabe, an Seilschaften, an Machtverhältnissen. An neuen Märkten oder Kunden, die man nicht kennt oder die sich schlechter entwickeln, als man gedacht hat.
- Wie bewältige ich den Aufwand eines Wechsels, gerade wenn ein Ortswechsel damit verbunden ist? Eine neue, schöne Wohnung finden, neue Schulen, neue Ärzte, neue Freunde für die Kinder, neue Konten, ein neuer Stromversorger, von einem neuen Freundeskreis für die Erwachsenen ganz zu schweigen. Es gibt tausend Dinge,

die ein echtes Leben in der Lebensmitte ausmachen. Genug Arbeit, um einen Erwachsenen über Wochen und Monate voll mit diesen Themen auszulasten. Wer sorgt dafür?

- Wie sind meine Kinder gestrickt? Wie belastbar sind sie? Wie werden sie den Wechsel verkraften? Als Kleinkinder vielleicht mit größerer Leichtigkeit, aber wie schaffen sie das als Pubertierende?
- Was bedeutet das für meinen Partner, meine Partnerin – beruflich, persönlich? Wie sieht die Abwägungsmatrix für ihn oder sie aus?

Die gleichen Überlegungen sollten Sie für die Alternative «Ich bleibe» anstellen. Meistens sind das die Kehrargumente der Ich-gehe-Überlegungen. Aber zuweilen kommen noch ganz eigene Punkte dazu. Also machen Sie sich die Mühe und durchdenken Sie:

- Was gewinne ich, wenn ich bleibe?
- Was handle ich mir ein, wenn ich bleibe?

Legen Sie sich die Karten

Diese Fragen zu durchdenken ist ein Brocken Arbeit. Ich empfehle, die Argumente tatsächlich aufzuschreiben, um sie sichtbar und konkret zu machen. Sie werden überrascht sein, dass Ihnen viele Antworten gar nicht schwerfallen. Schreiben Sie jeden Gedanken auf eine eigene Karte oder jeweils auf einen Zettel. Malen Sie sich die Matrix auf und legen Sie die Karten in die Felder. Allein die Anzahl der Argumente in jedem Feld zu sehen kann aufschlussreich sein. Lassen Sie diese Matrix in mehreren Runden entstehen. Ihre Gedanken werden vollständiger, und Sie können Ihre Gefühle besser in Worte fassen und aufschreiben.

Machen Sie mit Blick auf Ihre Abwägungsmatrix eine Bestandsaufnahme: Was weiß ich schon? Wo benötige ich noch mehr Informationen und Fakten? Recherchieren Sie sie. So mancher hat sich schon über die Fakten gewundert, nachdem er nachgefragt hat.

Themen, die überragend groß erscheinen, werden kleiner, wenn man sich ihnen durch Recherche nähert. Erinnern Sie sich an den Riesen Tur Tur aus dem Kinderbuch *Jim Knopf und der Lokomotivführer*? Der Scheinriese Tur Tur wurde kleiner und verlor an Schrecken, je näher man ihm kam. Als Jim Knopf ihm endlich die Hand schüttelte, war er richtig nett. Dem gleichen Prinzip sollte man bei unklaren Alternativen folgen. Nehmen Sie Ihren Scheinriesen in Angriff und nähern Sie sich ihm in kleinen Schritten!

Die Fakten – oder zumindest gutdurchdachte oder -recherchierte Einschätzungen – liegen nun erstmals auf dem Tisch. Jetzt muss abgewogen werden, wie groß der Zugewinn der neuen Aufgabe sein muss, damit ich bereit bin, die Risiken zu tragen.

- Welche Gestaltungsmöglichkeiten habe ich, um das Risiko oder den Aufwand zu minimieren oder Gewinne zu sichern oder gar zu steigern? Übernimmt beispielsweise eine Relocationfirma einen Teil des Aufwands meines Umzugs? Macht mein Partner das gerne für mich? Habe ich bereits Freunde oder zumindest Kontakte vor Ort? Welche beruflichen Chancen tun sich für meinen Partner auf? Wollen die Kinder gerne mit umziehen, weil sie schon immer in die Großstadt wollten? Welche finanziellen Reserven hätte ich, um eine Durststrecke zu überstehen? Wo kann ich Abstriche bei laufenden Kosten machen?
- Was ist mit dem Zeitpunkt des Veränderungsschrittes? Ist es eine Jetzt-oder-nie-Situation? Muss ich diesen Schritt genau jetzt gehen? Kann es klug sein, diesen Schritt – zum Beispiel die Selbständigkeit – erst in ein paar Jahren zu verwirklichen, aber jetzt mit der Vorbereitung anzufangen?

- Wie verschieben diese Gestaltungsmöglichkeiten die Einschätzung des Risikos und des Gewinns? Gehen Sie ruhig damit in eine zweite Runde der Abwägung.

Schwierige Entscheidungen sind nie rein rational, wenn sie stimmig sein sollen: Um schwierige Entscheidungen fällen zu können, ist es notwendig und hilfreich, sich seiner eigenen Werthaltungen bewusst zu werden (siehe auch Wegweiser #48: «Wie fällt man schwere Entscheidungen?»). Sie sind das Beobachtungs- und Bewertungsraster, das uns hilft, die Situation umfassend zu betrachten. Die eigenen Werte zu Rate zu ziehen hilft, zu Lösungen zu kommen, die wir emotional – nicht nur rational – tragen können. Eine wertebasierte Beurteilung der Argumente kann eine rein rationale Bewertung quasi überschreiben.

Werte helfen, die widersprüchlichen Für-und-wider-Argumente in eine – für das eigene Gefühl – passende Ordnung zu bringen. Aus dieser Ordnung heraus ist es möglich, stimmig zu beurteilen, was zu tun ist.

- Wie bewerte ich die beruflichen Chancen meines Partners? Ist es zumutbar, dass er oder sie mitzieht und zurücksteckt?
- Wie bewerte ich es, wenn ich zwar die Vorteile eines Wechsels habe, mein Partner aber den faktischen Aufwand trägt? Können wir das miteinander vereinbaren?
- Wie viel Wechsel und Veränderung mute ich meinen (relativ großen) Kindern zu? Steckt darin auch eine Chance? Wie bewerte ich das? Und die Kinder? Wie viel Wert – genauer: Stellenwert – messe ich ihrer Meinung und Lebenssituation bei?
- Wie bewerte ich es, wenn wir an unterschiedlichen Orten unseren Alltag leben und uns nur am Wochenende sehen?
- Wie wichtig ist finanzielle Sicherheit und Vorhersehbarkeit für mich, meinen Partner und meine Familie?

- Wie viel Kraft will ich jetzt in der Lebensmitte in meinen Beruf stecken und von mir und meiner Familie abziehen?

Bei dieser wertebasierten Beurteilung ist Bettina zu dem Schluss gekommen, dass es für sie am besten ist zu bleiben. In dem Unternehmen in München. Sie hat Alternativen in anderen Städten ausgeschlagen. Sie hat der Karriere ihres Mannes einen eigenen Wert zugemessen und den heranwachsenden Mädchen einen Umzug in eine andere Stadt nicht zumuten wollen. Ein Pendeln zwischen einem Wohnort und einem Arbeitsort ohne Familienalltag findet sie unattraktiv. Last, but not least: Sie hatte keine Lust, in einem neuen Unternehmen komplett neu anzufangen mit dem Aufbau eines Netzwerkes, einer Reputation und mit dem Erkämpfen von Freiheiten im Unternehmensalltag. Sie wollte ihre Lebensenergie lieber für sich und ihre Familie einsetzen. Auch wenn sie weiterhin ab und zu kräftig fluchen muss.

Bleiben bedeutet nicht, alles unverändert zu lassen und alle Opfer auf sich zu nehmen. Bleiben bedeutet, nach wie vor die eigenen Pläne und Wünsche zu hören, zu sehen und sie wichtig zu nehmen.

Weitere Überlegungen können dazu dienen, die Handlungsalternative «Bleiben» noch attraktiver zu machen:

- Was kann ich an meiner jetzigen Lage verbessern? Was kann ich verbessern, auch wenn ich bleibe? Oder gerade weil ich bleibe?
- Was war an der (gedachten) Alternative attraktiv? Und wie kann ich das, obwohl ich bleibe, in meine aktuelle Situation integrieren?
- Was ist jetzt gerade verhandelbar mit meinem Arbeitgeber, meinem Partner, meiner Familie? Etwa mehr Gehalt, etwas Teilzeit, um mehr Zeit für mich oder meine Familie zu haben, ein Sabbatical für eine Reise, die ich schon immer machen wollte, eine Fortbildung, die mich sicherer in meinen Aufgaben macht oder ein neues Lernfeld für mich öffnet.

- Was kann ich selbst tun, um mir das Bleiben attraktiver zu gestalten?
- Wozu kann mir das Bleiben dienen? Was kann ich daraus an Positivem ziehen? Zum Beispiel Kontakte, an die ich noch anknüpfen kann; Lernfelder, die ich noch ausschöpfen kann; finanzielle Vorteile; die Freiheiten, die ich mir erarbeitet habe, sinnvoll nutzen; Ruhe und Gelassenheit, die durch Kontinuität entstehen.
- Wenn ich die Variante zu gehen für einige Zeit verschoben habe: Wie kann ich die Zeit des Bleibens sinnvoll nutzen? Für eine Zusatzausbildung, die Vorbereitung einer Selbständigkeit, für das Kontakteknüpfen in einem neuen beruflichen Netzwerk?

WEGWEISER #37: FREIWILLIGKEIT IST DER PREIS DER FREIHEIT. Nicht alle Veränderungen in der Lebensmitte sind zwangsläufig. Im Gegenteil: Viele Menschen, mit denen ich gesprochen habe, werden angetrieben von einer inneren Unruhe, etwas verändern zu wollen. Sie tun es freiwillig. Sie wären ebenso frei, die Dinge zu lassen, wie sie sind. Sie spüren aber, dass es an der Zeit ist, die Dinge noch mal neu und möglicherweise anders zu denken als bisher. Aus meiner Sicht ist es klug, nicht damit zu warten, sondern die eigene Unruhe ernst zu nehmen und als Motor zu nutzen.

WEGWEISER #38: WAS HÄLT MICH ZURÜCK, DINGE ZU VERÄNDERN? Folgende drei Gründe halten uns häufig ab, Dinge in Angriff zu nehmen:

1. Wir halten uns für zu jung: Anstelle von «zu jung» könnte hier auch «zu unerfahren» oder «zu unwissend» stehen. Wir unterschätzen die eigenen Fähigkeiten und trauen uns selbst die Veränderung nicht zu, obwohl wir objektiv wissen, dass wir die Erfahrung und das Knowhow hätten, um einen bestimmten Schritt X zu gehen. Dafür überschätzen wir das, was es für den nächsten Schritt braucht. Ich spreche nicht von einer gesunden Selbsteinschätzung und Kritikfähigkeit, sondern davon, sich selbst gegenüber überkritisch und davon überzeugt zu sein, selbst in der Lebensmitte noch zu jung, zu unerfahren und zu unwissend zu sein. Man meint, es fehlte zum Beispiel noch an Ausbildung X, man hätte keine Kontakte zu Y oder Erfahrung Z. Erst dann könnte man darüber nachdenken. Das kann man so machen – wir halten uns und unsere Wünsche dadurch allerdings selbst klein. Vielleicht zu klein, um voranzukommen.

2. Erwartungen und Ansprüche bremsen uns aus: Wir sind Opfer unserer eigenen Ansprüche und Erwartungen. Der eigenen und der der anderen. Noch perfider zu handhaben sind unausgesprochene Erwartungen und Ansprüche. Schau, was alles sein muss. Sein soll. Sein müsste.

Florentine, 43, freiberufliche Werbegrafikerin, ist immer loyal gegenüber ihren Kunden: Sie hält fast unmöglich kurze Fristen ein, gibt immer ihr Bestes. Florentine erwartet dafür, dass diese Kunden sie anständig dafür bezahlen. Finanziell befindet sie sich aber immer am Limit, es reicht eigentlich nie. Durch Gespräche mit Fachkollegen stellt sie irgendwann fest, dass ihre Honorare im Vergleich sehr niedrig sind. Also fängt sie an, höhere Honorare zu verlangen – und bekommt sie auch. Florentine ärgert sich über ihre Kunden und schließlich über sich selbst: «Ich hätte erwartet, dass sie mir die gleichen Honorare für die gleiche Arbeit zahlen wie den anderen! Ich hätte auch erwartet, dass sie es freiwillig tun und ich es nicht erst fordern muss.»

Peter, 39, erwartet, dass seine guten Leistungen gesehen – und «beizeiten» honoriert werden würden. Dass gute Jobangebote «von alleine» kämen. Sich bei den Chefs anzupreisen, findet er irgendwie peinlich. Er meldet sich daher nie von sich aus, wenn er davon hört, dass eine interessante Stelle frei wird, sondern wartet stets ab. Leider zu lange.

Die Stellen gehen mehrfach an ihm vorbei. Seine Erwartung an seine Vorgesetzten hält ihn davon ab, aktiv etwas für sich zu verändern.

Swantje, 49: «Eigentlich ist ja nichts falsch daran, ehrgeizig zu sein. Aber das musste ich erst lernen. Ehrgeiz hat einen schlechten Ruf. Vor allem bei einer jungen Frau. Daher habe ich versucht, meinen Ehrgeiz zu verstecken, wo er nicht opportun war. Zum Beispiel habe ich meinen Schwiegereltern nie erzählt, was ich beruflich alles leiste und wie groß meine Erfolge wirklich sind. Denn ihr Anspruch war ein ganz anderer: Sie wollten, dass ich das Rückgrat der Familie zu Hause bin und meinen Mann – ihren Sohn – unterstütze, und zwar ohne Einschränkungen wegen meiner eigenen Karriere. Das hätten sie nie so direkt gesagt. Aber die Fragezeichen in ihren Gesichtern, wenn ich gesagt habe, dass ich beruflich viel zu tun habe und für umfängliche Ostervorbereitungen zum Beispiel keine Zeit habe, sprachen Bände. Auch im Freundeskreis kommt Ehrgeiz oft nicht bei jedem gut an. Speziell bei Frauen ist diese Priorisierung immer noch scheinbar weniger okay, geschweige denn so selbstverständlich wie bei Männern. Da gilt man schnell als vom Ehrgeiz zerfressen, nur weil man etwas mit Leidenschaft und dem Wunsch nach Erfolg tut. Da sind die Erwartungen einfach noch andere. Himmel, wie mich das ärgert!»

Das Thema «Erwartung und Anspruch» ist unweigerlich mit dem Thema «Lebensmitte» verbunden: Wenn man eine Veränderung will, muss man sich im Zweifel der Erwartungs- und Anspruchsdebatte neu stellen: «Bist du nicht zufrieden mit dem, was du hast?» Oder: «Reicht das nicht, warum willst du immer mehr?», wird von außen, dem Partner, den Freunden oder der Familie gefragt. «Der oder die ist einfach überehrgeizig», wird leicht als Diagnose gestellt. Das ist ein unschöner Vorwurf, der einen schnell ausbremsen kann, neue Wege auszuprobieren und aufzubrechen. Aber sollte es das? Sie sollten sich nicht dafür entschuldigen, wer Sie sind und was Sie ausmacht. Auch wenn es Ihr Ehrgeiz ist oder schlicht die Lust, sich weiterzuentwickeln. Es sind die Erwartungen der anderen und nicht Ihre. Lassen Sie diese Erwartungen bei den anderen. «Stehe zu dir – schütze, wer du bist. Du bist ein guter Gedanke Gottes», hat mein Konfirmationspastor Armin Kraft immer gesagt. Entschuldigen Sie sich nicht für das, was Sie fühlen oder anstreben. Kommen Sie aus sich heraus. Stehen Sie für sich ein. Die Lebensmitte ist ein guter Zeitpunkt dafür. Worauf warten Sie noch?

Manchmal stolpert man auch über die eigenen Erwartungen, alles alleine hinkriegen zu wollen: den Job, die Kinder, die Ehe. Den selbstgemachten Adventskalender, das Kochen für Gäste. Möglichst noch die Bikinifigur oder das Sixpack, das kuschelige, saisonal dekorierte Zuhause oder den Marathonlauf. Veränderungen anzustreben heißt oft auch, Zeit und Kraft neu auszurichten. Das kann bedeuten, dass man nicht alles schafft, Abstriche machen muss bei den eigenen Erwartungen an das, was sein muss und zu schaffen ist. Männer haben meiner Beobachtung nach weniger Probleme damit als Frauen, die eigenen Ansprüche runterzuschrauben.

Während ich dieses Buch schreibe, arbeite ich parallel Vollzeit als Organisationsberaterin und kümmere mich ziemlich gut um alle Belange meines Sohnes. Ich muss aber zugeben, dass ich seit Monaten eine Selektiv-Gastgeberin bin und nur noch sehr selten Gäste bekoche. Der Adventskalender kam Weihnachten von der Großmutter und nicht von mir. Und: Ich habe mir gerade einen hübschen Badeanzug für den Sommerurlaub gekauft. Ich musste also für das Buchprojekt die Ansprüche anderer und meine eigenen gut sortieren, im Zaum halten und verhandeln. Sonst wäre es nie zustande gekommen.

Wir pflegen falsche Loyalitäten: Hören Sie auf, sich selbst und Ihre Wünsche immer nur auf die lauwarme Herdplatte zu stellen und auf kleinster Flamme vor sich hin köcheln zu lassen. Oder ist die Herdplatte sogar aus? Es ist auf Dauer schmerzlich, sich selbst zu verlieren, während man andere liebt und arbeitet und so vieles für sie tut. Auch Sie sind ein besonderer Mensch, der Aufmerksamkeit verdient. Die Lebensmitte ist ein Scheideweg und zu wichtig, um an ihm achtlos vorbeizugehen. Jetzt ist der richtige Moment, um mit voller Kraft etwas für sich selbst zu tun. Herdplatte an!

Dorothea, 43, eine großartige, erfahrene, extrovertierte Lehrerin, hat große Angst davor, eine Leitungsverantwortung in der Schule zu übernehmen, in der Annahme und aus Angst, dass ihre Kinder – inzwischen Teenager – es nicht verkraften würden. Sie hat aber den Wunsch, es trotzdem zu tun, das Knowhow, eine hervorragende Ausbildung und das Angebot. Sie hätte es beinahe abgelehnt und ihre eigene Entwicklung damit selbst verhindert.

Im Gespräch ist Dorothea sich dieses Loyalitäts-Spannungsfeldes bewusst geworden. Sollte sie loyal gegenüber ihren eigenen beruflichen Möglichkeiten und Wünschen bleiben? Und wie konnte sie sich gleichzeitig ihren Kindern gegenüber loyal verhalten? Mit diesen konkreten Fragen im Kopf ist es ihr schließlich möglich, nach Handlungsalternativen und Lösungen zu suchen. So gelingt es ihr, neue Spielregeln mit ihrer Familie zu vereinbaren, die beides ermöglichen.

WEGWEISER #39: ERKENNEN SIE DAS SELBSTGEBAUTE GEFÄNGNIS. Wenn wir Dinge verändern wollen, aber den Aufbruch nicht schaffen, sollten wir schauen, ob wir in einem selbstgebauten Gefängnis sitzen. Oftmals verbauen wir uns selbst den Ausweg.

Schauen Sie genau hin:

- Welche Begrenzungen, an denen Sie meinen nicht vorbeizukommen, sind selbst auferlegt?
- Wie sieht das selbstgebaute Gefängnis aus Annahmen, falschen Leitsätzen und Rahmenbedingungen aus?
- Beobachten Sie aufmerksam: An welchen Stellen fahre ich mit der

Nichtveränderung insgeheim ganz gut? Was habe ich Positives davon, die Dinge nicht zu verändern? Hier kann viel Verharrens- und Haltekraft liegen. Und manchmal sind die Haltekräfte stärker als die Ziehkräfte.

WEGWEISER #40: VOM NUTZEN GUTER PROVISORIEN. Es ist hilfreich, beim Umbau in der Lebensmitte eine gewisse Lust am Provisorium zu entwickeln und nicht gleich nach der perfekten, endgültigen Lösung zu streben. Wenn die Verschalung des Lebens abfällt (Job, Ehe, Eltern), dann zimmert man sich schnell ein neues Haltegerüst. Das ist okay und in vielen Fällen durchaus nützlich. So ein Provisorium hilft, die festen Schrauben des Lebens zu lösen. Es hilft auszuloten, wie die zukünftige Konstruktionslösung aussehen kann. Welche Bauteile sollen bleiben, weil sie gut sind? Was soll neu hinzugenommen werden? Wie integriere ich alte und neue Bestandteile meines Lebens? Diese Überlegungen gelingen nicht spontan und benötigen etwas Zeit des Nachdenkens und der Reifung. Ein Provisorium hilft, sich freizuschwimmen. Es ist eine Art Übungs- und Übergangsfeld und bringt Sie weiter auf Ihrem Weg zu neuen Ufern.

WEGWEISER #41: VERSUCHEN SIE SICH IM ERKUNDENDEN HANDELN. Ein Provisorium ist ein möglicher Startpunkt für das erkundende Handeln. Die Grundannahme ist – und die deckt sich absolut mit jeder Lebenserfahrung –: Mit praktischem Handeln und Ausprobieren kommt man stückweise in seinen Überlegungen weiter.

Interessant für Veränderungsfragen in der Lebensmitte ist hier der sogenannte Effectuation-Ansatz: Dieser Ansatz stammt eigentlich aus der Managementliteratur, die mir als Organisationsberaterin begegnet ist. Michael Faschingbauer hat ein kluges Buch dazu geschrieben. Ich habe aber festgestellt, dass er sich gut auch für persönliche berufliche Fragestellungen eignet, weil es im Kern um unternehmerisches

Handeln geht. Und das ist es, was in der Lebensmitte ansteht: Man muss etwas unternehmen, um die eigene Lebenssituation weiterzuentwickeln.

Der Effectuation-Ansatz kehrt unsere gewohnte Denkweise um. Wir sind es gewohnt, zuerst nach einem Ziel zu suchen und daraus abzuleiten, was die notwendigen Schritte sind, um zu diesem Ziel zu gelangen. Danach überlegen wir, welche Mittel notwendig sind, um diese Schritte zu gehen. Das sind zum Beispiel Knowhow, Geld oder Kapital, Kontakte, Räume, Maschinen etc.

Das ist auch nicht falsch. Effectuation arbeitet jedoch andersherum. Der Ansatz fragt zuerst nach den vorhandenen Mitteln und Möglichkeiten. Welches Ziel kann man wohl im ersten Schritt mit den vorhandenen Mitteln und Möglichkeiten erreichen? Wen kenne ich? Was kann ich? Wer bin ich? Mit wem könnte ich sprechen, um erste Informationen oder Unterstützung zu bekommen? Wie könnte ein erstes kleines Projekt, ein Versuchsballon aussehen? Es gilt auszuprobieren, welchen ersten Zielzustand man mit den Ressourcen, die man hat, erreichen kann. Dies ist der erste Schritt.

Danach werden die Ergebnisse betrachtet und der nächste Schritt überlegt. Es ist klar, dass diese Ergebnisse nur erste Zwischenergebnisse sind. Diese bringen aber wertvolle Informationen mit sich, man hat also im erkundenden Handeln etwas gelernt und neue Informationen gewonnen über das, was man vorhat. Möglicherweise hat man dabei einen ersten Schritt des neuen Weges getan. Statt also lange Ziele auszufeilen, reicht beim Effectuation-Ansatz eine erste grobe Idee, um anzufangen und mit dieser Idee in Bewegung zu kommen. Man probiert in kleinen Schleifen das Machbare.

Unerwartetes und Zufälliges ist in so einem Prozess völlig normal und auch erwünscht. Vielleicht trifft man auf Angebote, an die man selbst nicht gedacht hätte. Vielleicht ergeben sich neue Geschäftsfelder, oder man begegnet Menschen, die einem wertvolle Tipps geben.

Es geht hier nicht darum, ob klassisch-kausales Planen oder Effectuation die bessere Methode ist. Ich plädiere dafür, beides miteinander zu verweben. Es geht darum, früh genug zu versuchen, die Zielideen mit vorhandenen Mitteln zu erproben, zu schauen, was entsteht und wie Sie es für die neue Zielvorstellung der (nahen) Zukunft nutzen können.

WEGWEISER #42: VOM RICHTIGEN AUGENBLICK – HERZENSPROJEKTE JETZT ANGEHEN. Manche Menschen kennen ihre Herzensprojekte ganz genau. Sie können sofort von der schönen Idee berichten, die sie seit Jahren schon umtreibt. Bei anderen Menschen muss man erst etwas nachforschen, um sie freizulegen. Herzensprojekte verraten sich, wenn man nach ihnen fragt: Was wäre ein – ich nenne es – «Hätte-Thema» in Ihrem Leben? Was hätten Sie immer schon gerne gemacht? Oder was würden Sie bereuen, wenn Sie es nie angehen würden? Haben Sie ein Thema, das Sie umtreibt? Ein Thema, das wie ein innerer Auftrag in Ihnen rumort?

Es gibt viele Projekte und Ideen, die brachliegen, aber wie ein Geist in einer leerstehenden Villa in uns rumspuken. Und es gibt einen Moment von «zu früh», aber auch einen Moment von «zu spät», um solche Projekte anzugehen. Kairos ist in der griechischen Mythologie der Gott des rechten Augenblicks. Er hat in den Darstellungen an der Stirn einen langen Schopf, der Hinterkopf ist dagegen kahl. Daher stammt auch die Idee und Redensart, eine Gelegenheit «am Schopfe» zu packen.

Viele Menschen, die mir in der Lebensmitte begegnen, haben diese «spinnerte Idee», das «Herzensprojekt», eine seit langem gehegte Idee – das «Ich-müsste-eigentlich-Projekt». Die Lebensmitte ist oftmals der rechte Augenblick, um diese Themen zu verfolgen. Die Herzensprojekte können uns, wenn wir Ihnen in der Lebensmitte unsere Zeit, Erfahrung und Aufmerksamkeit schenken, auf neue Pfade führen, die sich richtig anfühlen.

WEGWEISER #43: WARTEN SIE NICHT AUF IDEALBEDIN-GUNGEN. Wie oft denkt man: «Nee, das Projekt passt jetzt wirklich nicht. Später. Ich warte noch ab. Die Rahmenbedingungen sind nicht ideal. Ich habe zu viel zu tun, bin zu müde, es ist zu …»

Ja, es ist sinnvoll zu schauen, ob es wirklich der richtige Moment ist. Ob es ein paar Wochen oder Monate später passender ist, sich um das Thema X zu kümmern. Aber seien Sie ehrlich mit sich selbst: Die Idealbedingungen, die man sich wünscht, werden nie kommen, oder sie kommen zu spät.

Ich halte mich da an die großartige Schriftstellerin Doris Lessing: «Whatever you're meant to do, do it now. The conditions are always impossible.» Sinngemäß: «Was auch immer du vorhast, tue es jetzt. Die Bedingungen sind immer unmöglich.»

WEGWEISER #44: ERSCHAFFEN SIE SICH IHRE EIGENEN MÖGLICHKEITEN. Der Titel von Wegweiser #44 spricht für sich. Es geht darum, Möglichkeiten und Chancen für sich selbst zu erschaffen. In der Regel gibt es keine Standardlösungen für Fragen der Lebensmitte. Es geht um Maßschneiderei dessen, was zu einem passen und zu einem gehören soll. Was würden Sie gerne tun, sich selbst ermöglichen? Welchen Zugang zu Wissen oder Kontakten oder Erlebnissen hätten Sie gerne? Werden Sie aktiv, werden Sie Jäger und Sammler von guten Ideen. Bauen Sie auf alten Ideen auf und bestehende Ideen aus. Nutzen Sie Ihre Fähigkeiten als Räuberleiter, um über die Mauer der Begrenzungen zu kommen, die Sie aktuell möglicherweise umgibt.

Es lohnt sich, proaktiv zu sein, sich also so früh wie möglich innerlich zu bewegen. Man muss und sollte, wenn es irgendwie geht, nicht erst warten, bis die Dinge unausweichlich sind und der Veränderungsdruck extrem hoch ist. Es lohnt sich, neue Standbeine und Handlungsoptionen langfristig aufzubauen. Das ist der Rat, den ich Menschen schon Mitte 30 mit auf den Weg gebe. Ich selbst habe zum Beispiel ungefähr vier Jahre eine Business-Coaching-Ausbildung absolviert, bevor ich das Thema professionell umgesetzt habe. Vielleicht entpuppt sich die Mitgliedschaft im Kunstverein oder in der Bürgerinitiative, das ehrenamtliche Engagement oder eben die Zusatzausbildung als Grundstein für eine neue berufliche Ausrichtung in der Lebensmitte? Die Möglichkeiten sind individuell und daher endlos vielfältig.

Es sind oft die kleinen Passionen, die eine neue Basis für Größeres bilden können. Es geht nicht immer darum, gleich die ganze Existenz auf den Kopf zu stellen, sondern vielmehr darum, andere Facetten an sich zu entdecken und diesen Raum und eine Chance zu geben. Es geht darum, Neues zuzulassen, sich neue Möglichkeiten zu eröffnen und dadurch ein neues Gleichgewicht zu finden.

Ein Manager in der digitalen Wirtschaft arbeitet gern mit Pferden und lässt sich nebenberuflich als Reittherapeut ausbilden. Eine Bankerin entdeckt ihre Leidenschaft für handgemachte Pralinen und eröffnet ihre eigene kleine Manufaktur. Eine Anwältin ist gerne in der Natur und macht jetzt ihren Jagdschein, ist regelmäßig im Wald und erfreut sich an naturnahen Arbeiten.

WEGWEISER #45: (KALKULIERBARE) RISIKEN EINGEHEN.
Natürlich ist jeder neue Schritt aus den bisherigen gewohnten Bahnen mit einem gewissen Risiko verbunden. Das Risiko zu scheitern, das Risiko, sich zu zeigen, aus seiner Box zu kommen mit den Schwächen und Zweifeln, die man hat. Wenn man aber genauer hinsieht, sind die meisten Risiken überschaubar und kalkulierbar. Es lohnt sich also zu schauen, wie man ein mögliches Risiko eindämmen und kalkulieren kann.

Wenn man nicht gleich alles unüberlegt hinwirft (Wegweiser #2: «Keinen unüberlegten Mist machen») und behutsam in kleinen überschaubaren Schritten vorgeht (Wegweiser #41: «Versuchen Sie sich im erkundenden Handeln»), kann gar nicht so viel passieren. Daher mein Plädoyer für kleine Schritte: Gerade wenn man keine genaue Prognose über die Zukunft erstellen kann, ist es hilfreich, diese in kleinen Schritten auszuloten und zu gestalten.

Und: Manchmal ist es auch das Sicherste, was man tun kann, ins Risiko zu gehen und eine Chance – und sei es auch nur der erste Schritt dorthin – zu nutzen.

WEGWEISER #46: DER PREIS VON ECHTER FREIHEIT UND UNABHÄNGIGKEIT. Auf der Wunschliste der meisten Menschen in der Lebensmitte steht ganz oben: Freiheit. Freiheit ist heiß begehrt, aber in der Lebensmitte unglaublich schwer zu erlangen. So viele Verpflichtungen und Verbindungen haben wir geknüpft. Wir haben es oft gar nicht gemerkt, sondern haben uns ein Netz gesponnen und uns selbst darin Stück für Stück verwoben. Oder: Es wurde um uns rumgewoben. Gleichzeitig sind wir über die Jahre – bildlich gesprochen – gewachsen, größer geworden. Irgendwann schneidet es ein, das Netz. Bis wir keine Luft mehr bekommen. Spätestens dann rufen wir nach Freiheit und Unabhängigkeit.

Und oft verwechselt man Freiheit und Unabhängigkeit mit ganz anderen Dingen: Wir machen Sport mit Kick, suchen Adrenalin, eine Affäre und dann noch eine. Wir glauben, dass mehr Geld zu verdienen Freiheit bedeutet. Wir investieren freizügig in die teure Musikanlage, das Auto, Schmuck, das Ferienhaus, die Schönheits-OP, das teure Essen. Egal – Hauptsache meine freie Entscheidung. Das sind alles Konsumentscheidungen. Lifestyleentscheidungen. Lange hält das nicht vor.

An allem hängt ein Preisschild – auch an der Erlangung von echter Freiheit. Auf dem Preisschild stehen: Angst, Unsicherheit, Abschied, Neuanfang.

Wenn man genauer nachfragt, stellt man fest, es gibt viele Facetten von Freiheit.

Ulrich, 52, der sich in der Lebensmitte selbständig gemacht hat, sagt später über die Selbständigkeit: «Ich bin jetzt frei von den internen Spielregeln eines einzigen Unternehmens. Es sind jetzt meine Kunden, meine Kinder, meine Frau und ich, die bestimmen, was die Regeln sind. Ich bin endlich frei von der Bevormundung durch einen Vorgesetzten. Frei von Mitarbeitern, die ich führen und zum Jagen tragen soll. Frei von Stöckchen, über die ich springen soll. Frei von Karotten vor der Nase. Frei von Belohnungs- und Prämiensystemen einer Firma, die letztlich per Gutsherrenart gewährt wurden – oder auch nicht. Natürlich war es ein Schritt in die Unsicherheit der Selbständigkeit. Ich habe gehofft, dass es gutgeht. Wissen konnte ich es aber am Anfang nicht. Heute möchte ich nicht mehr in meine alte berufliche Situation zurück.»

Wibke, 44, die sich von ihrem Partner getrennt hat, berichtet, wie sie langsam wieder aufgeatmet hat, weil sie viel Freiraum gewonnen hat: «Ich bin wieder frei von ständigen Erwartungen, Anforderungen, Zwängen, Wünschen und Problemen meines Partners. Frei von seiner schlechten Laune, Verletzungen, Schwächen und Macken. Frei von enttäuschten Erwartungen an ihn, die ich natürlich hatte. Dass er nicht da war, ständig zu spät kam, sich nicht engagierte, mich hängenließ mit den Kindern, nicht für das WIR kämpfte, nicht ehrlich die Meinung sagte, wo er stand. Seit der Trennung bin ich selbstbestimmter denn je, aber meinen Kindern und mir selbst verpflichtet. Selbstbestimmt innerhalb von Leitplanken, deren Position ich in hohem Maße selbst festlege. Am Anfang konnte ich mit so viel Freiheit gar nicht umgehen, obwohl ich sie mir so oft gewünscht hatte.»

Freiheit hat ihren Preis. Je freier man ist, umso mehr Alleinverantwortung liegt auf den eigenen Schultern. Zuwendung muss von einem selbst kommen. Man muss möglicherweise lernen, mit Einsamkeit umzugehen. Vielleicht verliert man den Zugang zu bestimmten Personen und Möglichkeiten, zum Beispiel, wenn man eine Firma verlässt und damit auch die Position und Visitenkarte. Es ist nämlich nicht so, dass die Kontaktpersonen im Markt an einem persönlich Interesse haben, sondern an der Person in der Rolle X und den damit verbundenen Ressourcen, seien es Budgets oder Aufträge.

Sylvia, 49, die sich ebenfalls selbständig gemacht hat: «Ich habe viel Freiheit gewonnen, aber auch Zugangsmöglichkeiten verloren. Mein Zugang zu bestimmten Personen, zu Ereignissen, zu Reisen ist wesentlich kleiner geworden. Er war geknüpft an meinen bisherigen Job, meine Rolle dort als potenzielle Auftraggeberin. Deswegen war ich interessant, da mache ich mir nichts vor. Bestimmte Events und Einladungen vermisse ich auch gar nicht. Aber trotzdem fühle ich mich irgendwie außen vor. Ich fühle mich oft nicht mehr als Teil der damaligen Gesellschaft, sondern als ein Zaungast. Ich frage mich inzwischen aber: In welchen Punkten ist diese Gesellschaft wirklich relevant und wichtig für mich? Was macht mich daran glücklich? Und: Tut sie das überhaupt?»

Martina, 44, die ihren Job verloren hat: «Diese Erfahrung, unfreiwillig meinen Job zu verlieren, hat mich nach einer Weile zunehmend freier von Angst gemacht. Warum? Ich kenne meine Fähigkeiten und Ressourcen besser. Ich habe verstanden, dass Sicherheit eine Chimäre ist, hinter der ich nicht herlaufen muss. Ich sehe an meinen bisherigen Leistungen, wie gut ich mit Krisen im und außerhalb des Jobs bisher umgegangen bin. Sie haben mich gestärkt. Ich bin an diesen Krisen tatsächlich gewachsen. Jedes Mal. Ich habe verstanden, dass niemand sich in Sicherheit wiegen kann oder je konnte. Auch meine Vorfahren, Eltern, Großeltern, Urgroßeltern, wenn ich darüber nachdenke, nicht. Ich war verstrickter im Sicherheitsdenken, als ich dachte. Jetzt weniger Angst zu haben und Sicherheit im Außen zu suchen – meinem Job, meinem Mann oder meinen Freunden – macht mich auf eine besondere Art frei.»

WEGWEISER #47: SIE LEBEN DAS, WAS SIE ENTSCHEIDEN.

Mal abgesehen von den Dingen, die einfach passieren, ungewollt oder unkontrolliert: Wir entscheiden unser Leben in hohem Maße, quasi täglich, durch unsere Entscheidungen. Viele Entscheidungen im Kleinen und im Großen führen in vielerlei Hinsicht genau zu diesem Leben, wie es jetzt ist. Das ist dann Ihr Leben, wie Sie es anhand von vielen kleinen und großen Entscheidungen entschieden haben zu leben. Entscheidungen für und Entscheidungen gegen Dinge.

Im Umkehrschluss bedeutet es, dass man lernen muss, sich anders, besser, passender, aufmerksamer oder neu zu entscheiden, wenn man etwas ändern möchte. Irgendwie ist das schon klar, aber wir verdrängen es gerne und schieben den Chef, die Umstände, die Kinder, das Geld, die Müdigkeit oder sonst etwas vor, um nichts zu verändern. Übrigens: Absolut lähmend in der Lebensmitte sind die vielen Nicht-Entscheidungen, die gefällt werden. Denn auch eine Nicht-Entscheidung ist eine Entscheidung, nämlich die, den Status quo zu akzeptieren. Das sind aber oftmals keine durchdachten Entscheidungen, die beinhalten: «Ich lasse es, wie es ist, weil ich davon überzeugt bin.» Vielmehr sind es unfrohe, schwache, lasche Entscheidungen ohne Verve und echte Überzeugung. Das Gefühl, dass sich eigentlich etwas ändern muss, kommt mit Ansage zurück.

Du bist, was du entscheidest: Dieser Gedanke legt die Verantwortung dafür, was ist, in unsere Hände. Einerseits ist das natürlich unbequemer, als jemand anderen dafür verantwortlich zu machen. Andererseits ist es auch gut zu wissen, dass wir sehr viele Hebel selbst in der Hand haben – wenn wir denn wollen und uns dafür entscheiden.

Wir müssen also in der Lebensmitte viel mehr oder erneute, wache Aufmerksamkeit auf die richtigen Entscheidungen legen, die zu den Veränderungen führen, die uns jetzt wichtig und richtig erscheinen. Wir leben in der Zukunft nur das, was wir heute entscheiden.

**WEGWEISER #48: WIE FÄLLT MAN SCHWERE ENTSCHEI-
DUNGEN?** Eine Plus-minus-Liste der Argumente ist etwas für Anfänger. Wie oft hat man das schon gemacht? Und wie oft stehen sich
auf beiden Seiten gleich lange Listen gegenüber. Mein Vater, der Inge-
nieur, bei dem ich diese Listen schon als Schülerin kennengelernt habe,
fing dann an, die Argumente zu gewichten. Gab dem einen Argument
eine doppelte Punktzahl, dem anderen Argument nur die Hälfte von
eins. Sehr schön, Papa! Und woher weiß ich, welchem Aspekt ich mehr
Punkte gebe? Woran mache ich das fest? «An dem, was dir wichtig ist»,
sagte mein Vater. Und woher weiß ich das? Das konnte er mir auch
nicht sagen. «Das weiß man doch», entgegnete er.

Sehr schnell kommen wir dazu, dass wir wichtige Fragen nur mit
Hilfe unserer Werte wirklich gut entscheiden können. «Gut» bedeutet,
dass wir die Entscheidungen verantworten und tragen können. Das
Erfreuliche in der Lebensmitte: Wir wissen (langsam), was uns wichtig
ist und welche auch neuen Werte uns wichtig geworden sind. Im Beruf,
in der Partnerschaft, in der Familie, bei Freunden. Diese helfen uns,
scheinbar gleichwertige Optionen zu gewichten. Wichtige Werte bei
Personen sind zum Beispiel: Ehrlichkeit, Intelligenz, Genauigkeit, Anstand, Fleiß, Integrität, Leidenschaft, Freude, Humor und Witz, Sensi-
bilität oder Anmut.

In der Partnerschaft geht es oft um Werte, die in Spannung zueinan-
der stehen und abgewogen werden wollen, wie zum Beispiel: Freiheit,
Selbstbestimmtheit, Partnerschaftlichkeit, Gegenseitigkeit und Eigen-
verantwortung, Verbundenheit, Toleranz, Sex, Zärtlichkeit, Nähe,
Distanz, Vertrautheit, Fremdheit – die Liste lässt sich fortsetzen.

In der Familie: Glück und Schmerz teilen. Geborgenheit geben und
empfangen. Voneinander fordern und sich gegenseitig unterstützen.

Im Beruf: gutes Geld verdienen, vorankommen, Karriere machen,
die eigenen Potenziale einsetzen können, nette Kollegen, ein guter
Vorgesetzter, etwas Sinnvolles tun.

Was also tun? Wie gesagt, die Papa-Liste ist für Anfänger. Man fängt damit an und stellt die Optionen einander nüchtern gegenüber. Was spricht für die eine Option? Was dagegen? Was handelt man sich ein?

Jetzt wird es schon schwieriger. Welche Werte sind mir in dem Kontext wichtig? In welcher Wertehierarchie? Wie bewerte ich die Optionenliste im Lichte meiner wichtigsten Werte? Welche Spannungsfelder zwischen zwei Werten kann ich tragen (zum Beispiel finanzielle Sicherheit versus berufliche Freiheit)?

Ganz wichtig: Jede Option lässt sich noch gestalten, wenn man herausgefunden hat, was man will. Was kann ich also tun, um die Option für meine Werte passender zu machen? Ein Beispiel: Sie haben einen Teilzeitjob, der Ihnen ein Grundeinkommen beschert und die Möglichkeit, parallel freiberuflich zu arbeiten. Sie limitieren das Vermögen, das Investitionsbudget, das Sie als Startkapital einsetzen, um Ihrem Sicherheitsbedürfnis entgegenzukommen und das finanzielle Risiko nicht an einen großen einzigen Block zu hängen.

WEGWEISER #49: MANCHMAL TUT MAN SICH AUCH MIT LEICHTEN ENTSCHEIDUNGEN SCHWER. Langes Nachdenken führt oft nicht zu besseren, sondern nur zu späteren Entscheidungen. Bewerten Sie, ob ein weiteres Nachdenken wirklich zu einer besseren Entscheidung führt oder ob eine schnelle Entscheidung ein gutes und baldiges Ergebnis zur Folge hat.

Oder gehen Sie den Weg des erkundenden Handelns (siehe Wegweiser #41: «Versuchen Sie sich im erkundenden Handeln») und unternehmen erst mal nur einen kleinen Schritt, um auszuprobieren, ob das, was Sie vorhaben, auch trägt und Sie überzeugt. Vertagen Sie also die große Entscheidung, auch wenn Sie leicht erscheint, Ihnen aber nicht leichtfällt. Probieren Sie einen ersten Schritt aus und sehen Sie dann, ob Sie sich mit der Erfahrung des ersten Schritts leichter entscheiden können.

WEGWEISER #50: ABSCHIED NEHMEN UND LOSLASSEN KÖNNEN.

Jens, 44, hält seit Jahren an einem Job fest, der ihn zunehmend nervt und ihn inhaltlich nicht weiterbringt. Es ist – das ist ihm klar geworden – die finanzielle Sicherheit und das Renommee der Firma, die ihn halten. Loslassen – wie geht das?

Es lohnt sich zu fragen: Warum ergibt es Sinn, immer noch an etwas festzuhalten, obwohl man weiß, dass es einem gleichzeitig schadet? Wofür steht das Thema?

Manchmal hilft es zu schauen, was man dadurch gewinnt, wenn man nicht loslässt. Wir Menschen machen auch scheinbar irrationale Dinge aus einem guten Grund. Welcher ist es? Der Gewinn ist gleichzeitig der Preis des Festhaltens und Verharrens in einer Situation, die man nicht mehr liebt oder die nicht mehr passt. Fragen Sie sich und entscheiden Sie: Ist dieser Preis gerechtfertigt oder das Aushalten der schwierigen Seiten wert?

Zu manchen Abschieden muss man sich aufraffen, denn sie kommen nicht von alleine. Warum es einem so schwer fällt, ist, wenn man sich die drei Phasen, die man durchläuft, ansieht, klar. Die Gefühle und Gedanken, die zu Phase 1 und Phase 2 gehören, müssen gemeistert und überwunden werden. Es sind Gefühle des Umbruchs, ohne dass einem schon klar ist, was Neues kommen soll. Ohne dass einem klar ist, dass das, was kommt, richtig gut werden wird. Diese Zeit der Leere, der Wandlung und der Transformation des bisherigen Lebens fällt nicht allen leicht, weil sie ungewohnt ist, uns mit Zweifeln an uns selbst und dem Bisherigen konfrontiert und viele Fragen an die Zukunft aufwirft. Wir sind in Teilen irritiert, und es braucht eine Zeit, bis wir es schaffen, durch unsere Gedanken und aktives Zutun eine neue, positive Wende, eine neue Stufe zu nehmen. «Wohlan denn, Herz, nimm Abschied und gesunde», sagte schon Hermann Hesse in seinem bekannten Gedicht *Stufen*. Ein Klassiker mit einer kleinen Zeile, die ins Schwarze trifft.

WORAUF WARTEST DU NOCH? Der Aufbruch in der Lebensmitte ist kein langweiliger Spaziergang auf ebener Fläche. Er gleicht eher einem Gang über eine wackelige, schwingende Hängebrücke. Oder dem Gang über nasse Trittsteine in einem Fluss. Das Land vor einem ist noch unbekannt. Der Weg dahin provisorisch und nicht vorgegeben. Das ist die Schwierigkeit und gleichzeitig der Reiz.

Es ist ein hoch individueller, persönlicher Weg. Mal kürzer, mal länger. Mal verschlungen, mal geradeaus. Oft allein, mal einsam, mal gemeinsam. Es ist eine Verwandlung in einer Lebensphase, in der wir uns fertig und erwachsen wähnten. Eine Zeit der Überraschungen, der Abschiede und der neuen Anfänge. Eine Zeit der Aufregung, der Spannung, der Unruhe, der Entwicklung, der Entdeckungen, des Aufbruchs in einer Lebensphase, in der wir uns angekommen wähnten. Das Ganze geschieht parallel zu und verwoben mit unserem Alltag, der uns bewegt, beschäftigt, anrührt, aufregt, erfreut und uns im Leben weiterträgt. Wir haben die Chance, dabei zu entdecken und zu erleben, wer wir sind. Und: wer wir noch sein können.

Verpassen Sie sich nicht. Nutzen Sie die Chance.

DANK

… an meine Sparringspartner: der Austausch mit euch und euer Ansporn hat aus einer Herzensidee ein Buch gemacht.

Christoph Kucklick, ohne den es wahrscheinlich nicht mal das erste Exposé gegeben hätte.

Daniel Graf, Agent bei Graf & Graf, Berlin, der mich sicher durch die Autoren-, Text- und Verlagswelt navigiert hat.

Katrin Blum, freie Journalistin, Berlin, meine engagierte Erstleserin und Textcoach. Ich habe viel von dir gelernt! Danke!

Julia Suchorski, meine interessierte, motivierende und unterstützende Lektorin bei Rowohlt.

Hanna Biresch, die pressetechnisch bei Rowohlt alle Strippen virtuos in der Hand hält.

Dank an Eva Gardyan, Birgit Gebhardt und Christian Pott für eure Gedanken und eure wertvolle Meinung!

… an meine Lehrer: mein Sohn Levi, meine Eltern Lucie Gardyan und Manfred Gardyan, meine älteste Freundin Florence French aus Chicago – heute 86 Jahre alt –, mein Coach und Supervisorin Gilla Haeckel in Hamburg.

Last, but not least: Meine Arbeit als Coach verbindet mich mit vielen klugen Frauen und Männern, die sich mit Themen der Lebensmitte auseinandersetzen und in ihre Zukunft Zeit investieren. Ich bin dankbar für die intensiven Begegnungen und Gespräche, von denen auch ich jedes Mal etwas lerne.

… an meine Unterstützer: Eure langjährige Ermutigung, Freundschaft und tatkräftige Unterstützung war mein Treibstoff durch meine Lebensmitte: Simone Brecht, Sunniva Engelbrecht, Carmen Felten, Petra Felten-Geisinger, Ellen von Geyso, Christina Grot, Ingrid Haas, Frau Holst, Anne-Kathrin und Sebastian Karl, Christoph Kucklick, Tanja Kostiuk, Karen Kroschewski, Tom Leifer, Kai Matthiesen, Gernot Riechmann, Pater Siegfried, Susanne und Hans-Ulrich Schmelz, Ulla Stauffenberg, Kurt Wellner, Regine Wellner und Harald Willenbrock.

… an meine Freundinnen und Freunde im Norden und im Süden: Eure Freundschaft, die Verbundenheit und der Austausch mit euch bedeuten mir viel. Ohne euch wäre alles nichts.